Frank Larsen

Baureihe V 200.1

trans press Fahrzeugportrait

Frank Larsen

Baureihe V 200.1

trans press

Einbandgestaltung: Andreas Pflaum

Titelbild: Werner Consten
Wie neu präsentiert sich V 200 116 nach ihrer Restaurierung. Nur Details wie fehlende Zierleisten und notwendige technische Neuerungen unterscheiden sie vom Lieferzustand.

Rücktitelbild: Frank Larsen
Die zwei Lackierungsvarianten nebeneinander im Bw Wanne-Eickel: Während 221 108 auch am 9. Juni 1987 noch in der Ursprungs-Farbgebung glänzt, wurde 221 113 dem Farbkonzept der späten 70er Jahre angeglichen.

ISBN: 3-613-71112-5

Postfach 10 37 43, 70032 Stuttgart
Ein Unternehmen der
Paul Pietsch Verlage GmbH + Co.

1. Auflage 1999

Lektorat: Claus-Jürgen Jacobson
Innengestaltung: Klaus Necker
Reproduktion: digi bild reinhardt, 73037 Göppingen
Druck: TC Druck, 72072 Tübingen
Bindung: Karl Dieringer, 70839 Gerlingen
Printed in Germany

Inhalt

Vorwort

Vor 12 Jahren schied die Baureihe 221 aus dem Bestand der Deutschen Bundesbahn aus. Markante Loks im Aussehen, in ihren Leistungen und auch akkustisch war ihnen abzuspüren was in ihnen steckte.

Mit ihrer Abstellung endete auch die Epoche der Dieseltriebfahrzeuge, die Symbole des Wiederaufbaus und des Wirtschaftswunders waren: Die Baureihen 220 (V 200.0), 230 (V 300), 280 (V 80) etwa oder die Triebwagen 601 (VT 11.5), 612 (VT 12) oder 613 (VT 08) hatten bereits in den 70er und der ersten Hälfte der 80er Jahre ihren Dienst quittieren müssen. Fahrzeuge, mit denen einmal die »Verdieselung«, der Abschied vom Dampfbetrieb begann.

Diese viel beachteten und leistungsfähigen Fahrzeuge waren Symbole für den wirtschaftlichen Aufschwung und ein neues Selbstbewußtsein in der jungen Bundesrepublik Deutschland, ein Status, den die in den 60er Jahren gebauten Dieselloks nicht mehr erreichten. Hier standen die Zeichen auf »Tempo 200«, was nur mit neuen elektrischen Triebfahrzeugen erreichbar war. So verdrängten die elektrischen Maschinen Zug um Zug die einstigen Paradepferde von den Gleisen, ein Los, das auch die Baureihe V 200.1/221 teilte, obwohl sie bei ihrer Indienststellung den stolzen Titel »stärkste vierachsige Diesellok der Welt« tragen durfte.

Bei der Sammlung von Material für dieses Buch machte sich bemerkbar, daß der V 200.1 weit weniger Aufmerksamkeit zu Teil wurde als ihrer Vorgängerin: Während über die V 200.0 Text- und Fotomaterial in großem Umfang vorhanden ist, ist dies bei der V 200.1 nicht der Fall. Das mag daran liegen, daß zu ihren großen Zeiten das Augenmerk bereits auf anderen Entwicklungen lag, andererseits aber wohl vor allem daran, daß ihre ersten Dienstjahre in eine Zeit fielen, in der viele Eisenbahnfreunde enttäuscht ihre Kamera sinken ließen, wenn sie statt der erwarteten Dampflok auftauchte.

In den 80er Jahren war schließlich auch ihre Zeit gekommen: Durch die zunehmende Elektrifizierung und den rückläufigen Güterverkehr verringerte sich der Bedarf an leistungsfähigen Streckendieselloks. Aus Kostengründen wurden zuerst die zweimotorigen Fahrzeuge abgestellt. Die beiden Antriebsanlagen waren in der Unterhaltung kostenintensiver als die ihrer einmotorigen Schwestern. Nach nicht einmal 25 Jahren endete so mit der 221 vorläufig die Ära der zweimotorigen Streckendieselloks der DB.

Vorläufig, denn durch die Vereinigung des Fahrzeugbestands von DB und DR gab es sie wieder: Mit den Baureihen 219 und 228 kamen wieder Dieselloks mit zwei Maschinenanlagen in den Bestand der heutigen DB-AG. Die Baureihe 219 aus rumänischer Fabrikation wird noch einige Zeit unverzichtbar sein.

Während die V 200.0 auch in jüngerer Zeit sehr ausführlich porträtiert wurde, stand die V 200.1 auch in der Fachliteratur stets in ihrem Schatten. Diese Publikation soll sie aus diesem herausführen und ihr als End- und Höhepunkt der Entwicklung zweimotoriger Dieselloks in der Bundesrepublik Deutschland den Platz zuweisen, den sie verdient.

Heideck, 1998
Frank Larsen

Dank

Dieses Buch entstand durch die engagierte Mithilfe vieler Eisenbahnfreunde, EisenbahnerInnen und den Firmen Krauss-Maffei sowie MTU-Maybach.

Im Einzelnen ist zu danken:

Joachim Behrens
Martin Bochnig
Stefano Cantoni
Werner Consten
Ralph Dißinger
Horst Ebert
Uwe Günther
Wolfgang Krellenberg
Manfred Oberg
Barbara Pirch
Rudolf Potelicki
Heinz Werner
Clemens Schröder
Heinz Skrypnik
Martin Schmaußer
Michael Schumann
Frank Schwanenberg
Christian Völkl
Joachim Weißer
Christian Wenger

Mein besonderer Dank gilt Ralph Dißinger für den Beitrag über die V180.

Vorgeschichte: Die Vorfahren der V 200.1

Jede technische Entwicklung hat ihre Vorgeschichte, ihre Darstellung ist zum Verständnis und zur zeitlichen Einordnung hilfreich. Eine umfassende Abhandlung, die sich zu sehr in Einzelheiten verliert, würde allerdings den Rahmen des Themas sprengen. Ziel ist also ein Abriß mit wesentlichen Meilensteinen der Geschichte der Dieseltraktion in Deutschland.

Die Länderbahnzeit: Erste Gehversuche

Als 1712 die erste Dampfmaschine funktionierte, dachte noch niemand daran, sie auf Schienen zum Transport von Gütern und Personen einzusetzen. Erst knapp hundert Jahre später, im Jahr 1804 fuhr

Die Kgl. Preußische Staatsbahn war als einzige an der »Thermolokomotive« von Diesel-Klose-Sulzer interessiert. Es sollte noch lange dauern, bis der Verbrennungsmotor eine ernstzunehmende Konkurrenz für die Dampflok wurde. *Foto: Lichtbildstelle BD Nürnberg*

der erste Dampfwagen auf Schienen. Was lag näher, als auch elektrische und Verbrennungsmotoren zur Zugförderung zu nutzen. Die Anfänge waren bei allen Traktionsarten bescheiden. Doch im Gegensatz zur Dampf- und Elektrotraktion dauerte es beim Verbrennungsantrieb lange, bis leistungsfähige, zuverlässige Streckenlokomotiven zur Verfügung standen. Hauptproblem waren lange die hohen Massen für Motoren und Kraftübertragung im Verhältnis zur Leistung.

Die Wiege der Dieseltraktion liegt in Deutschland: 1878 erhielt der Hanomag-Direktor Conrad Krauss ein Patent für eine Motorlokomotive. Seine Firma startete 1880 einen ersten Versuch mit einem 1,45 kW (2 PS) leistenden Fahrzeug, das vom Aussehen her eher als Draisine denn als Lokomotive betrachtet werden konnte. Die Kraftübertragung und Wendeschaltung geschah per Transmissionsriemen.

Der erste Schritt war getan und die weitere Verwendung im Lokomotivbau lag nahe. Am 16.12.1883 und 29.08.1885 erhielt Gottlieb Daimler Patente für Fahrzeugmotoren. Eine Motorlok, über die nichts überliefert ist, wurde von Carl Friedrich Benz 1888 auf der Münchner Kraftmaschinenausstellung präsentiert, 1891 für einen baden-württembergischen Industriebetrieb von Daimler und der Maschinenfabrik Esslingen eine 2,95 kW (4 PS) leistende Schmalspur-Verbrennungslokomotive gebaut. Diese mit einem Automobilmotor ausgestattete Lok dürfte wohl die erste praktikable Lösung weltweit gewesen sein.

Die Verbesserung des Dieselmotors, der einen höheren Wirkungsgrad und den Wegfall der anfälligen Zündelektrik versprach, wurde in den 90er Jahren des 19. Jahrhunderts bei der Maschinenfabrik Augsburg betrieben. Der 1897 fertiggestellte Prototyp konnte jedoch nur als stationärer Antrieb verwendet werden. Für den Einsatz in Fahrzeugen war er noch zu schwer und zu groß.

Während die Motoren mit fortschreitender Entwicklung immer im Verhältnis zur Masse leitungsfähiger, leichter und ausgereifter wurden, standen bei der Kraftübertragung praktikable Lösungen noch aus. In den ersten Dieselloks und -Triebwagen fanden mechanische, also Zahnradgetriebe Verwendung, auf die Achsen wurde die Antriebskraft mit Riemen oder Ketten übertragen, eine Antriebsart, die nur bis zu einer bestimmten Belastung tragbar war. Für die Leistung der Verbrennungstriebfahrzeuge im 19. Jahrhundert reichte dies allerdings noch aus.

Die Hessischen Staatsbahnen waren mit einem 1911 in Dienst gestellten Triebwagen die Vorreiter des diesel-elektrischen Antriebs, der Alternative zum oben beschriebenen Antrieb über ein Getriebe: Hier treibt ein Verbrennungsmotor einen Generator an, der den Strom für Elektromotoren erzeugt, die den eigentlichen Antrieb übernehmen. Zu diesem Triebwagen lieferte Deutz einen Benzolmotor und von AEG kamen Generator, Motoren sowie die übrige elektrische Ausrüstung.

Die erste Diesellok (mit anderen Verbrennungsmotoren wurde schon Jahre vorher vor allem in Feldbahnloks experimentiert) projektierte die »Gesellschaft für Thermolokomotiven« Diesel-Klose-Sulzer im den Jahr 1909, 1913 war sie fertig gestellt. Die Räder wurden direkt von einem 1000 PS-Dieselmotor angetrieben. Da ein Verbrennungsmotor nicht unter Vollast gestartet und angefahren werden kann, wurde die Lok mit Druckluft in Bewegung gesetzt. Bei etwa 10 km/h zündete dann der Zweizylinder-Zweitakt-Dieselmotor. Bereits im Jahr 1914 wurde der Prototyp schadhaft abgestellt – immerhin hatte man aber die Erkenntnis gewonnen, daß ein Medium zur Kraftübertragung zwischen Motor und Räder zwischengeschaltet werden mußte. In der Folge experimentierte man eifrig, aber erfolglos mit Druckluft, Abgas, Dampf und sogar Wasser.

Ein erfolgreicher Schritt gelang dann in den zwanziger Jahren. Er ergab sich aus dem großen Interesse der UdSSR an Dieselloks. Dort gab es große Probleme mit der Wasserversorgung für die Dampftraktion: auf weiten Strecken war es sehr rar. Treibstoffprobleme gab es dagegen keine, ein Drittel des Streckennetzes wurde bereits damals von Dampfloks mit Rohölfeuerung befahren, Die Hohenzollern AG in Düsseldorf projektierte daraufhin unter der Leitung von Prof. G. Lomonossoff, den man zu Recht einen Pionier in der Entwicklung von

Groß-Verbrennungslokomotiven nennen kann, eine entsprechende dieselelektrische Lokomotive mit der Achsfolge 1E 1. Als Antrieb dieser Lok aus dem Jahr 1924 diente ein MAN-U-Boot-Motor. Die Konstruktion bewährte sich, die Lok beförderte planmäßig Güterzüge um Moskau. Auch heute ist das Antriebskonzept im Prinzip noch gültig. Problematisch blieb jedoch lange Zeit das hohe Gewicht der Antriebsagregate. Weitere Bedenken in Deutschland bestanden gegen die drohende Abhängigkeit von ausländischen Öllieferungen im Gegensatz zur heimischen Kohle.

Die Reichsbahnzeit

Der russischen Diesellok folgten eine Reihe anderer Entwicklungen, denen allerdings der Erfolg weitestgehend versagt blieb. Dennoch sollen einige Beispiele kurz dargestellt werden.

In Zusammenarbeit mit der Maschinenfabrik Esslingen entstand 1929 bei der MAN für die Reichsbahn die V 3201, ab 1930 V 120 001. Bei ihr trieb der Dieselmotor einen Kompressor an, der weitere Antrieb glich dem einer Dampflok, nur daß statt des unter Druck stehenden Wasserdampfes Preßluft verwendet wurde. Diesen Antrieb hatte man alternativ auch für die diesel-elektrische Lok Lomonossoffs erwogen. Trotz zunächst respektabler Leistungen scheiterte auch diese Lok nach nur drei Jahren Erprobung an Antriebsproblemen.

1933 probierte man es bei Deutz doch noch einmal mit dem Direktantrieb, dieses Mal sogar erfolgreich. Wieder wurde mit Pressluft angefahren, die auch im weiteren Fahrtverlauf zugegeben werden konnte. Die drei Zylinder waren wie bei einer Dampflok angeordnet, die Übertragung geschah per Treibstangen. Die Lok bewährte sich im Einsatz gut und erbrachte Leistungen, die im oberen Geschwindigkeitsbereich mit denen einer Dampflok der Baureihe P 8 vergleichbar waren. Nach schweren Beschädigungen durch Kriegseinwirkung im Jahr 1944 wurde die Lok zerlegt, das Antriebskonzept nach Kriegsende nicht weiter verfolgt.

Die wohl ungewöhnlichste Antriebsart für Dieseltriebwagen war aus dem Flugzeugbau entlehnt: Den 1930 gebauten Kruckenberg'schen Schienenzeppelin trieb ein mit dem Dieselmotor gekoppelter vierflügliger Propeller im Heck an. Er erreichte zwar 230 km/h Höchstgeschwindigkeit, blieb aber ein Einzelstück, eine Verwendung des Antriebskonzepts für Dieselloks stand nie zur Debatte.

Bei abgenommenen Aufbauten ähnelte die V 120 001 eher einer Dampf- als einer Diesellok. *Foto: Lichtbildstelle BD Nürnberg*

Im Jahr 1932 brachte die Firma Voith die ersten hydrodynamischen Getriebe für Schienenfahrzeuge auf den Markt. Sie bauen auf einer Erfindung Föttingers aus dem Jahr 1905 auf. Die Strömungsgetriebe sind nach dem Prinzip einer Turbine aufgebaut: Durch eine vom Motor angetriebene Kreiselpumpe wird Hydraulikflüssigkeit in eine Turbine gedrückt, die dadurch mitgenommen wird und die Abtriebswelle in Bewegung setzt. Je größer deren Widerstand ist, um so mehr wächst das auf die Turbine übertragene Drehmoment, wobei sich gleichzeitig die Drehzahl verringert. Zur Kraftübertragung zwischen Getriebe und Achsen dienten zunächst Ketten oder Kuppelstangen. Erst die Entwicklung für den Lokomotivbau tauglicher Gelenkwellen, das Prizip war bereits lange vorher bekannt, brachte den Durchbruch dieser Antriebsart für Dieselloks höherer Leistung. Dennoch blieb die die Entwicklung von Großdiesellokomotiven in Deutschland bis in die 30er Jahre auf die genannten Prototypen beschränkt. Lediglich im unteren Leistungsbereich kam man zügiger voran, Kleinlokomotiven und vor allem Dieseltriebwagen brachten es zu beachtlichen Stückzahlen. In den leistungsschwächeren Triebwagen und Kleinloks bewährte sich die mechanische Kraftübertragung. Mit der elektrischen machte die Reichsbahn gute Erfahrungen in den legendären SVT-Triebzügen, dem »Fliegenden Hamburger«. Die hydrodynamische Kraftübertragung wurde 1934 erstmals in Kleinlokomotiven eingesetzt und bewährte sich auch in den dieselhydraulischen Wehrmachtslokomotiven WR 200 B 14 und WR 360 C 14, später als V 20 und V 36 bezeichnet. Diese Maschinen bewährten sich so gut, daß die DB zwischen 1947 und 1950 sogar 32 Loks der V 36 nachbestellte. Die letzten Exemplare wurden erst Anfang der 80er Jahre, nun unter den neuen Baureihenbezeichnungen 236 und 270, ausgemustert.

Glücklicherweise ist V 140 001 erhalten geblieben und steht heute im Deutschen Museum in München. Bevor sie dort aufgestellt wurde, war sie mit 40 km/h Höchstgeschwindigkeit von Karlsruhe nach München geschleppt worden. Dort präsentierte sich die bereits museal aufgearbeitete Maschine bei dichtem Schneetreiben dem Fotografen.

Foto: Sammlung Koppisch, Archiv transpress

Zur 100-Jahrfeier der deutschen Eisenbahnen im Jahr 1935 konnte das Publikum erstmals eine Großdiesellok mit hydraulischem Getriebe bestaunen. Krauss-Maffei lieferte diese V 140 001, für die ursprünglich die Nummer V 16 101 reserviert war. Ihr langsam laufender 1030 kW/1400 PS-Motor von MAN gab seine Kraft an ein Voiht-Strömungsgetriebe ab, das aus einem Wandlerkreislauf und zwei Strömungskupplungen bestand. Ihm war ein Stoeckicht-Planeten-Untersetzungsgetriebe nachgeschaltet, die Verbindung der Treibachsen erfolgte durch Kuppelstangen. Nach dem Krieg verblieb die inzwischen in V 140 001 umgezeichnete Maschine im Westen. Nicht zuletzt auf Betrieben der Besatzungsmächte wurde die V 140 001 1946/47 hergerichtet und konnte ab 1947 wieder erprobt werden. Das Fahrzeug, das 1937 auch die Ehre hatte, Exponat auf der Weltausstellung in Paris zu sein, ist glücklicherweise erhalten geblieben und im Deutschen Museum in München zu besichtigen. Sie stellte die prinzipielle Brauchbarkeit des dieselhydraulischen Antriebs für Großdiesellokomotiven unter Beweis. Richtig befriedigen konnte die als möglicher Ersatz für die Baureihe 38 (P 8) geplante Lok allerdings noch nicht. Ein inzwischen pensionierter Eisenbahner, der in der Nachkriegszeit bei den Probefahrten als Beimann dabei war, berichtete, daß man froh war, wenn man ohne größere Probleme zurückgekommen sei. Das fest im Rahmen sitzende Getriebe sei das Hauptübel gewesen: Da es beim Anfahren keine Stöße aufnahm, kam es immer wieder zu Zahnradbrüchen.

Nie für den normalen Betriebseinsatz vorgesehen waren dagegen die im Oktober 1941 und August 1942 fertiggestellten vier Doppellokomotiven des Typs D 311. Zwei der Doppelloks sollten das vierzigachsige Eisenbahngeschütz »Dora« auf einem extra anzulegenden doppelgleisigen Gleisbogen ausrichten. Zusätzlich war vorgesehen, daß sie den elektrischen Munitionsaufzug mit Energie versorgen. Daher die Forderung nach einer Ausführung mit elektrischer Kraftübertragung.

Nach dem Krieg nahm die DB zwei Doppellokomotiven als V 188 001 a+b und V 188 002 a+b wieder in Betrieb. V 188 003 a+b wurde als Ersatzteilspender zerlegt, das Schicksal der vierten Doppellok ist bis heute ungeklärt. Die zunächst beim Bw Aschaffenburg, später beim Bw Gemünden beheimateten Loks zeigten unter anderem auf der Rampe Laufach–Heigenbrücken im Schubdienst ihre Leistung.

1968 kamen beide V 188, nach der Einführung der Computernummern nun als Baureihe 288 bezeichnet, zum Bw Bamberg. Die 288 001 wurde am 22.09.1969 ausgemustert, 288 002 folgte ihr am 05.06.1972.

Der Zweite Weltkrieg unterbrach die Entwicklung der Dieseltraktion jäh, denn mit dem Gesetz vom 01. Juli 1942 wurde die Produktion ganz verboten, sofern sie nicht ausschließlich militärischen Zwecken oder dem Bergbau diente.

Bestrebungen zur Vereinheitlichung

Die Vielzahl verschiedener Dieselfahrzeuge, insbesondere Triebwagen, die vor dem Zweiten Weltkrieg bereits existierten und vor allem ihre verschiedenen Antriebskonzepte waren auf die Dauer schon aus wirtschaftlichen Erwägungen nicht tragbar. So wurde 1939 erstmals ein Typenprogramm zur Vereinheitlichung aufgelegt, das allerdings wegen des Kriegsausbruchs nicht mehr umgesetzt werden konnte. Maßgeblich daran beteiligt war das Reichsbahnzentralamt, das spätere Bundesbahn-Zentralamt in München. Unter Federführung des Zentralamts sollten gemeinsam mit der Industrie Planzeichnungen erstellt werden, nach denen verschiedene Firmen gleiche Fahrzeuge fertigen konnten. Erst mit der Bahnreform ist man in unseren Tagen von diesem Prinzip wieder abgekommen.

Von den Vorkriegsfahrzeugen waren nach Kriegsende eine nicht unerhebliche Zahl als Kriegsverluste abzuschreiben. Dadurch bot sich die Chance für einen »geordneten Neuanfang«. Das Ziel bestand in einer technischen Vereinheitlichung und somit einer rationellen Ersatzteilhaltung und Wartung. Eine der vordringlichsten Fragen war, welche Antriebsart bei der DB die Zukunft bestimmen sollte. Sowohl der hydraulische als auch der elektrische Antrieb waren inzwischen den Kinderschuhen entwachsen. Der mechanische Antrieb überlebte in Form eines dem hydraulischen Wandlerteil nachgeschalteten Zahnradgetriebes.

Für den dieselelektrischen Antrieb sprachen die eigenen Erfahrungen mit den V 188 und die beeindruckenden Leistungen der Diesellloks in den USA: Schon in den 40er Jahren hatte man sich dort auf diesen Antriebstyp festgelegt und in großem Umfang mit der Verdieselung begonnen. Dieselelektrische Loks bestachen durch den Entwicklungsstand, die unkomplizierte Konstruktion und der damit verbundenen Unterhaltungsfreundlichkeit.

Die amerikanischen Lokomotivfabriken hatten großes Interesse daran, das im Wiederaufbau befindliche West-Deutschland als Exportland zu gewinnen. Anfang der 50er Jahre konnte auf Initiative der Herstellerfirma General Motors Corporation eine Lok erprobt werden. Es war ein »Military Road Switcher«, die Nr. 1818 des United States Army Transportation Corps, Baujahr 1950. Nach Zurüstung der nötigen Teile im AW Nürnberg und einigen Testfahrten wurde sie von der Militärbasis in Aachen aus vor Planzügen eingesetzt und erregte auch im benachbarten Ausland Interesse. Die Leistungen der sechsachsigen Drehgestellok überzeugten. Dennoch entschloß man sich in Deutschland nicht zu einer Bestellung, während diese und ähnliche Typen in vielen europäischen Ländern ihre Verbreitung fanden.

Letzten Endes fiel die Entscheidung zugunsten des hydraulischen Antriebs. Entscheidend dafür waren die Achslasten und die Forderung einer hohen Dauerleistung bei geringer Geschwindigkeit (gefordert war, daß ab 20% der Höchstgeschwindigkeit die volle Motorleistung auf Dauer zur Verfügung steht). Während beim hydraulischen Antriebssystem dieser Wert unterboten werden konnte, lag der zulässige maximale Dauerstrom bei den dieselelektrischen Triebwagen der DRG bei mehr als 70%. Eine Reduzierung hätte umfangreiche Kühl- und Zusatzaggregate erfordert.

Darüber hinaus befürchtete man, daß die seinerzeit üblichen Tatzlagermotoren, die für den Einzelachsantrieb von Elektroloks und in Amerika auch für Dieselloks üblich waren, wegen der noch nicht durchgehend geschweißten Schienen zu erhöhtem Oberbauverschleiß führen würden.

Mit der Entscheidung für die hydraulische Kraftübertragung beschritt die DB einen anderen Weg als die Bahnen in den meisten anderen europäischen Staaten. Dies hatte zur Folge, daß die in Deutschland für den Export gebauten Diesellokomotiven in den folgenden Jahrzehnten nie die Verkaufszahlen der amerikanischen Konkurrenz erreichten. Ins Ausland, wie z. B. in die USA gelieferte dieselhydraulische Loks bereiteten den Besitzern große Probleme: Der Antrieb war in Betrieb und Pflege eine Ausnahme, die Fahrzeuge waren trotz guter Leistung beim Personal nicht beliebt und wurden nach kurzer Zeit abgestellt. Dieses Phänomen wird uns beim Verbleib der Baureihe 221 in Griechenland und Albanien wieder begegnen.

Neben der Entscheidung für die Antriebsart galt es zu entscheiden, ob man sich mit den ersten Nachkriegskonstruktionen an vorhandene Vorkriegsbauarten anschließen solle. Das hätte angesichts des hohen Lokomotivbedarfs durch den gestiegenen Verkehr den Vorteil gehabt, Entwicklungszeit zu sparen. Auf der anderen Seite lagen diese Konstruktionen nun schon 15 bis 20 Jahre zurück und besonders auf dem Motorsektor hatte es in der Kriegszeit, wenn auch nicht speziell im Schienenverkehr, große Fortschritte gegeben. Man entschloß sich schließlich, auf Basis der Standardtriebwagentypen Neukonstruktionen durchzuführen, was bei den Schienenbussen und dem VT 08.5 verwirklicht wurde. Von den Vorkriegsdieselloks wurden nur die Wehrmachtsrangierloks V 20 und V 36 nachgebaut. Alle weiteren Bestellungen sollten Neuentwicklungen sein.

Um für weitere Entwicklungen einen Erprobungsträger zu haben, beauftragte die DB die Firma MAN, den dieselelektrischen Reichsbahn-Triebwagen VT 872 entsprechend umzubauen. Dieser einteilige, vierachsige Triebwagen mit der Nummer VT 92 501, erhielt im Stil der 50er Jahre eine stromlinienförmige Form. Er konnte in seinem Triebdrehgestell, das der Baureihe VT 08 entsprach, unterschiedliche Motoren und Getriebe aufnehmen. Seiner Aufgabe als Versuchsfahrzeug wurde er voll gerecht. Nach Ende der Tests lief er zeitweise sogar im Planverkehr von Nürnberg aus vor Eilzügen, bevor er als Schleppfahrzeug des AW Nürnberg für schadhafte Fahrzeuge Verwendung fand. Erst am 21. Dezember 1978 wurde er ausgemustert. Der »Kartoffelkäfer«, wie er genannt wurde, blieb erhalten und gehört heute zur Sammlung des Eisenbahnmuseums Nördlingen.

Die Fahrzeugtypen der 50er Jahre

In einem ersten Typenprogramm für Dieselfahrzeuge von 1949/50 war eine Lok mit 590 kW (800 PS) und 90 km/h Höchstgeschwindigkeit enthalten, die 1952 in zehn Exemplaren abgenommene V 80. Sie war die erste einmotorige Diesellok der Welt mit hydraulischem Getriebe und Antrieb durch lange Gelenkwellen auf alle Achsen. Sie ist der Urahn aller später in der alten Bundesrepublik Deutschland gebauten Drehgestell-Dieselloks. An ihrer Entwicklung waren mehrere Firmen beteiligt. Je fünf Maschinen entstanden unter Federführung des Bundesbahnzentralamtes (BZA) München bei Krauss-

Maffei und MaK. Die mit 590 kW (800 PS) bzw. 735 kW (1000 PS)-Motoren und wahlweise Voith oder Maybach-Getriebe ausgerüsteten Loks waren zur Erprobung der Antriebskomponenten und für den Einsatz vor Güter- und Reisezügen auf Haupt- und Nebenbahnen vorgesehen.

1954/55 legte die DB ein neues, aktualisiertes Typenprogramm auf. Es beinhaltete die Kleinlokbaureihen Köf II und Köf III, die Rangierloks der Baureihe V 60, die Streckendieselloks V 100, V 160 und V 200 sowie Schienenbusse und Dieseltriebwagen. Damals, knapp 25 Jahre vor dem endgültigen Abschied der Dampflok bei der DB, war noch nicht entschieden, ob man sie langfristig durch Dieselloks ersetzen sollte. Im Rangier- und Nebenbahndienst mit längeren Standzeiten war ihre Berechtigung als wirtschaftliche Alternative bereits anerkannt, da Damptloks auch in Betriebspausen Energie verbrauchen und zudem die Vor- und Nachbehandlungszeiten in keinem Vergleich zu denen der Dieseltraktion stehen. Im Streckendienst scheute man unter anderem die Kosten für den nicht heimischen Rohstoff und die damit verbundene Abhängigkeit von erdölexportierenden Ländern.

Beschafft wurden nach dem Programm von 1954/55 nur die V 60 und V 200.0. Die übrigen Typen existierten nur auf dem Papier. In seiner überarbeiteten Fassung von 1958 umfaßte das Typenprogramm weiterhin die V 60, V 100, V 160 und V 200 sowie neu die V 320. Die weitere Bestellung der 1950 in 15 Exemplaren in Dienst gestellten und auf der MaK-Standardbaureihe D 600 mit Schwerpunkt für den Werks- und Privatbahnbereich gebauten V 65 wurde erwogen aber verworfen. Anfang der 60er Jahre kam noch eine ursprünglich als Rangiervariante der V 100 projektierte V 90 ins Beschaffungsprogramm.

Die Beschaffungszahlen für die V 160 und V 200 erreichten nicht die ursprünglich geplante Höhe. Tatsächlich gebaut wurden aufgrund von Neubauprogrammen in den 50er und 60er Jahren bei den Streckenloks 10 Maschinen Baureihe V 80, 744 Maschinen der Baureihe V 100, 224 Loks der Baureihe V 160, drei von später 15 Loks der Baureihe V 162, eine Lok mit Gasturbinen-Zusatzantrieb als Reihe V 169, 86 Maschinen der Reihe V 200.0, 50 Maschinen der Reihe V 200.1 und eine V 320, die als Vorführexemplar von Henschel auf eigene Rechnung gebaut und erst 1962 für 10 Jahre angemietet wurde. An Rangier-Dieselloks wurden, von den Nachbau- V 20 und V 36 sowie Kleinloks abgesehen, 941 Maschinen der Baureihe V 60, 15 Loks Baureihe V 65 und schließlich ein Teil der später 510 Maschinen der Reihe V 90 (ab 1968: 290 und 291) ausgeliefert. Daneben gab es in den 50er Jahren immer wieder Prototypen und in geringen Stückzahlen gebaute Dieselloks für die Schmalspurbahnen der DB. Dem gegenüber standen die in den 50er und 60er Jahren in hoher Stückzahl gebauten Streckenelloks der Reihen E 03-Vorserie (4 Stück), E 10-Vorserie und Serie (415), E 40 (879), E 41 (451), E 50 (194) und für den grenzüberschreitenden Verkehr drei E 320 und fünf E 410. Die 43 nach dem Krieg gebauten E 94 waren Nachbauten der bereits vor dem Krieg gebauten Maschinen. Der Vergleich zeigt: Bei der Beschaffung von Dieselloks in den 50er und 60er Jahren lag der Schwerpunkt auf Rangierloks sowie Maschinen für die Beförderung von Reise- und Güterzügen im Geschwindigkeitsbereich bis 100 km/h. Stark frequentierte Strecken mit schweren und schnellen Zügen, die eine so starke Lok wie die V 320 erfordert hätten, standen nach damaligen Planungen kurz- bis mittelfristig zur Elektifizierung an.

Erst in den 70er Jahren sollten mit den Weiterentwicklungen der V 160-Familie, den Baureihen 210, 215, und 218, wieder in höherer Stückzahl Streckendieselloks mit einer Leistung über 1472 kW (2000 PS) beschafft werden – diesmal allerdings durchweg Maschinen mit nur einer Antriebsanlage.

Die V 200.0

Da die Technik und die betriebliche Bewährung der V 200.0 in anderen Publikationen schon sehr ausführlich beschrieben wurden, beschränkt sich die-

220 058 stand am 26. August 1981 mit einem Eilzug nach Bremen in Bremerhaven Hbf. *Foto: F. Larsen*

se Darstellung auf die wesentlichsten Aussagen, soweit sie im Zusammenhang mit der Weiterentwicklung zur V 200.1 wichtig sind.

Die zweimotorige V 200.0 wurde aus der V 80 und aus den Erfahrungen mit den Triebwagen der Baureihe VT 08 abgeleitet. Wesentliche Bauteile wurden beibehalten. Dies geschah einerseits zur Vereinheitlichung des Ersatzteilbestandes, andererseits zur Dämpfung der Entwicklungs- und Herstellungskosten.

Gefordert war eine Leistung von 2 x 590 kW (2 x 800 PS) bzw. 2 x 735 kW (2 x 1000 PS) sowie ein Dampfheizkessel zur Zugheizung.

Der Gesamtaufbau der V 200.0 bestand aus zwei zweiachsigen Drehgestellen und dem Unterrahmen mit einem Kastenaufbau. Der Unterrahmen war mit Längs- und Querträgern zu einer brückenartigen Konstruktion verschweißt. Er trug Vorratsbehälter, Maschinen- und Kesselanlage. Der Kastenaufbau bestand aus einem Stahlgerippe, auf das Bleche aufgeschweißt waren und war als mittragendes Teil konzipiert. Die Lok war von der Mitte her symetrisch aufgebaut. In der Mitte stand der Heizkessel. Links und rechts davon befanden sich die beiden Dieselmotoren, an den Enden die beiden Führerstände mit den Vorbauten. Der Maschinenraum war von den Führerständen aus durch eine Tür in der Führerstandsrückwand und einen Seitengang begehbar. Die beiden Getriebe lagen unterhalb der Führerstände und waren von dort aus durch Bodenklappen zugänglich. Der Ein- und Ausbau erfolgte durch das Führerhausdach. Im Unterschied zur V 80 wurde auf Verteilergetriebe in den Drehgestellen verzichtet: Das Getriebe tauchte mit beiden Abtrieben ins Drehgestell ein und war durch Gelenkwellen direkt mit den Achsgetrieben verbunden. Die zweimotorige Ausführung der Loks war nötig, weil zur Entwicklungszeit weder Motoren noch hydraulische Getriebe in der gewünschten Leistungsklasse zur Verfügung standen, die für Schienenfahrzeuge geeignet gewesen wären.

Die erste V 200.0 wurde, wie auch die übrigen vier Prototypen, von Krauss-Maffei gebaut und 1953 auf der Internationalen Verkehrsausstellung in München vorgestellt. Im gleichen Jahr begann man bei MaK und Klöckner-Humboldt-Deutz mit der Entwicklung einer Großdiesellok, der das Lastenheft der V 200 zu Grunde gelegt wurde und die unter der Fabriknummer 2000 001 gebaut wurde. Optisch ähnelte diese Lok sehr stark der V 80. Sie besaß das gleiche Mittelführerhaus wie sie, aber verlängerte Vorbauten wegen der beiden Maschinenanlagen. Obwohl sich dieser Prototyp in Versuchen hervorragend bewährte, entschied sich die

DB für die V 200-Variante mit zwei Endführerständen. Die 2000 001 wurde 1961 nach Testfahrten in Finnland verschrottet.

In Deutschland wurde die Baureihe V 200.0 zum Inbegriff des Strukturwandels. Dennoch wurde sie in ihrer Leistungsfähigkeit oft überschätzt. Schon vor der Fertigstellung der ersten Lok wurde in Fachpublikationen der Eindruck erweckt, sie sei bei Geschwindigkeiten bis 50 km/h der Dampflokbaureihe 01 deutlich überlegen, bei höheren Geschwindigkeiten nur leicht unterlegen. Tatsächlich jedoch erreichte sie nur die Werte der Dampflokbaureihe 03. Zwar war diese Überschätzung Ende der 50er Jahre bereits einer nüchterneren Betrachtung gewichen, doch sollte sich die tatsächliche Fehleinschätzung der Belastbarkeit erst noch zeigen: Im Sommer 1961 waren zeitweise 42 der insgesamt 86 Loks schadhaft abgestellt. Hauptsächlich handelte es sich um Maschinen des Bw Villingen, bei denen infolge ständiger Überbelastung auf der Schwarzwaldbahn Getriebeschäden auftraten. Als Ersatz in dieser als »Getriebekrise« bezeichneten Phase des V 200.0-Einsatzes mußten wieder Dampfloks herangezogen werden.

In den Bereichen, die ihrer Leistung entsprachen, war die V 200.0 allerdings eine zuverlässige Lok, was auch die Tatsache belegt, daß zahlreiche Maschinen nach ihrer Ausmusterung bei der DB von Bahngesellschaften und Gleisbaufirmen im Ausland weiterhin eingesetzt wurden. Nach entsprechenden Umbauten in den 80er Jahren kamen Maschinen sogar in Saudi Arabien beim Gleisbau zum Einsatz. Bei der Deutschen Bundesbahn wurde die Baureihe V 200.0 bis Ende 1984 ausgemustert.

Die 6-achsige Variante: ML 2200 C'C'

Im April/Mai 1955 reiste V 200 005 auf Bitten der Türkischen Staatsbahnen über den Balkan bis Adana in der Osttürkei. Daneben waren auch die Jugoslawischen und Griechischen Staatsbahnen

Zwischen 1965 und 1970 war V 300 001 in Hamm/Westfalen stationiert. Dort kam sie u. a. im Schnellzugdienst auf der Rennbahn in Richtung Hannover eingesetzt. Noch mit alter Nummer versehen wartet der Einzelgänger im Hammer Personenbahnhof auf Ausfahrt.
Foto: Sammlung Koppisch, Archiv transpress

sehr an dieser Lokomotive mit dieselhydraulischem Antrieb interessiert. Die Probefahrten verliefen sehr gut. Trotzdem setzten die Griechischen und Türkischen Staatsbahnen in der Folgezeit auf den dieselektrischen Antrieb. Den Jugoslawen sagte die Maschine ebenfalls sehr zu, doch war ihnen der Achsdruck von knapp 21 Tonnen zu hoch. Aus diesem Grund entwickelte Krauss-Maffei eine 6-achsige Variante der V 200 mit einem Achsdruck von nunmehr 16,5 Tonnen. Außerdem wurden die Kühlanlagen verbessert und ein zusätzliches Verteilergetriebe in die Drehgestelle integriert. Die 20270 mm langen Loks hatten nun keine Fenster mehr in der Längswand und eine zulässige Höchstgeschwindigkeit von nur noch 120 km/h, dafür war die Anfahrzugkraft höher. Drei Loks dieser unter der Bezeichnung ML 2200 C'C'gebauten Diesellok liefert Krauss-Maffei 1957 nach Jugoslawien. Aus Geldmangel unterblieben weitere Aufträge. Die Loks wurden als Baureihe D 66 eingereiht und erhielten die schönen Namen »Dinara«, »Kozara« und »Suteska«. Ihr Einsatz vor Planzügen währte allerdings nicht lange, schon bald wurden sie nur noch für Regierungssonderzüge bereitgehalten.

Eine weitere Lok baute Krauss-Maffei auf eigenes Risiko. Nach der Ablieferung am 15. August 1957 wurden 1957 Test und Vorführfahrten auf der Schwarzwaldbahn und dem Semmering durchgeführt, wobei sie den Erwartungen voll entsprach.

1958 erhielt die Lok einen aus dem 810 kW (1100 PS)-starken Motor MD 650 abgeleiteten 1125 kW (1500 PS) leistenden MD 655, der zusammen mit verstärkten Mekydro-Getrieben (K184, wie sie auch in der V 200.1 Verwendung fanden) und Verteilergetrieben eingebaut wurde. Die Lok wurde nunmehr als ML 3000 C'C' bezeichnet, ihre Masse stieg durch den Umbau um 7 Tonnen.

Mit der umgebauten Maschine wurden erneut Vergleichsfahrten im Schwarzwald und über den Semmering durchgeführt. Als Folge mietete die Deutsche Bundesbahn 1962 die Lok an und stationierte sie mit der Betriebsnummer V 300 001 in Frankfurt-Griesheim. Zum Jahreswechsel 1963/64 kaufte die DB den Einzelgänger, worauf er nach Hamm/Westf. umstationiert und am 04. August 1965 offiziell abgenommen wurde. Nach einer Umstationierung nach Lübeck im Januar 1970 kam sie schon im August des gleichen Jahres nach Hamburg-Altona, wo sie in 012-Plänen nach Westerland lief.

Am 24. April 1975 erfolgte die z-Stellung und am 26. August 1975 musterte die DB diesen Einzelgänger mit der 1968 in 230 001 geänderten Betriebsnummer aus. Zwei Jahre stand die Lok im AW Nürnberg, bis sie 1977 nach Udine in Norditalien verkauft wurde. Für dortige Verhältnisse war sie zu schwer, der Verkauf wurde rückgängig gemacht und das historisch wichtige Einzelstück kam zurück nach Deutschland, wo es 1980 in Feldkirchen bei München verschrottet wurde.

Zweimotorig im neuen Design: Die V 320 001

Als ebenfalls zweimotorige Streckendiesellok im Bereich der DB soll hier auf sie auch eingegangen werden.

Bereits 1956 begann auch Henschel mit der Entwicklung einer sechsachsigen, zweimotorigen Diesellok. Die Planungen in Kooperation mit dem Bundesbahn-Zentralamt München liefen bis 1960, worauf Henschel aber erst 1962 auf eigene Kosten einen mit V 320 001 bezeichneten Prototyp baute. Ursprüngliche Designstudien sahen eine bauchige Kopfform vor, ein Zwischending zwischen der der V 200 und der V 160 Vorserie. Doch schließlich erhielt sie die für die DB-Dieselloks der 60er Jahre typische eckige Form. Die V 320 001 hatte eine Dienstmasse von 121,4 t, die Motoren leisteten jeweils 1425 kW (1900 PS) Gebrauchsleistung, wobei die Nennleistung nach UIC bei jeweils 1500 kW (2000 PS) lag. Damit erreichte die für schwere Schnell- und Güterzüge vorgesehene Lok eine zulässige Höchstgeschwindigkeit von 160 km im Schnell- und 100 km im Langsamgang. Das hydraulische Getriebe entsprach dem der V 160, doch hatte sie ein Nachschaltgetriebe als Umschalt- und Verteilergetriebe in den Drehgestellen. Als Zugheizanlage wurde ein Dampfkessel der Firma Hagenuk, Typ Vapor Heating OK 4625 installiert und als erste DB-Diesellok erhielt sie Scheibenbremsen und eine Magnetschienenbremse.

Die DB mietete die Lok und setzte sie gemeinsam mit der V 300 001 von Hamm aus ein. Zum Winterfahrplan 1964/65 wurde sie an das Bw Kempten abgegeben. Dort lief sie unter anderem in einem Mischplan mit dem Prototyp 219 001 mit zusätzlicher Gasturbine und einer 221. Der Mietvertrag und damit auch der Einsatz bei der DB endete 1974. Die Ausmusterung erfolgte am 30. Juni 1975. Eine Beschaffung der V 320 für die Vogelfluglinie wurde zwar in Erwägung gezogen, aus wirtschaftlichen Gründen aber wieder verworfen.

Von 1975 bis 1989 zog sie bei der Hersfelder Eisenbahn Gesellschaft schwere Kalizüge, kam dann zur Teutoburger Wald Eisenbahn und wurde 1994 an eine Gleisbaufirma in Italien verkauft. Von dort kehrte sie 1998 nach Deutschland zurück.

Varianten der V 200 im Ausland

1963 war in den Krauss-Maffei-Informationen Nr 267 über die V 200.1 auf S. 45 zu lesen:

»Für das Netz der Deutschen Bundesbahn (...) sind dieselhydraulische Lokomotiven von mehr als 2700 bis 3000 PS höchstens dann berechtigt, wenn man auf Doppeltraktion verzichten will. Allerdings sind von den 1,3 Mill. Streckenkilometern des Welteisenbahnnetzes nur 82000 km elektrisch betrieben, so daß für rund 1,2 Mill Kilometer noch ein reiches Feld für den Export leistungsstarker Diesellokomotiven zu bestellen ist.«

V 320 001: Abschied von den runden Formen der 50er Jahre. 1967 steht die Lok vor einem Schnellzug in die Schweiz abfahrbereit im Münchner Hauptbahnhof. *Foto: Sammlung Koppisch, Archiv transpress*

Tatsächlich kam es zu einigen Ablegern der V 200 für ausländische Bahnen in verschiedenen Varianten:

Vierachsige Varianten	
British Rail:	• D 800 »Warship«, 1959/63, Lizenzbau
Spanien:	• Talgo, ML 2400 (Breitspur 1668 mm, ein Endführerstand), 1964, teilweise Lizenzbau • ML 3000 (Breitspur 1668 mm, zeitweise Normalspur), 1968/69

Sechsachsige Varianten	
JZ:	• ML 2200, 1957
British Rail:	• D 1000, 1962/63
TCDD:	• ML 2700 (Mittelführerstand), 1961
USA:	• ML 4000 (ein Endführerstand), 1961/1964
Brasilien:	• ML 4000 (ein Endführerstand), 1966/1969

In der Grundkonstruktion gehen alle diese Loks auf die V 200.0 zurück. Dennoch: Wegen der spezifischen Anforderungen haben sie mit ihr fast nur noch gemeinsam, daß sie von Krauss-Maffei entwickelt wurden, hydrodynamische Kraftübertragung und zwei Maschinenanlagen besitzen. Mit Ausnahme der ML 2200 C'C' für die Jugoslawische Staatsbahn und V 300 001 der DB sowie den spanischen V 200.1-Ableger ML 4000, die die größten Ähnlichkeiten zur V 200 aufweisen, wird auf eine genauere Darstellung der übrigen Baureihen verzichtet.

V 200.1 auf spanisch: ML 4000 B'B' der RENFE

Um die Jahreswende 1966/67 erhielt die RENFE zehn von Krauss-Maffei gebaute, der Baureihe V 200.1 optisch sehr ähnliche Dieselloks. Diese waren nach der betrieblichen Bewährung der Talgo-Loks Ende 1965 bei der Lokomotiv-Export-Union Krupp/Krauss-Maffei für ca. 17 Mio DM bestellt worden. Neben der grün-gelben Farbgebung, anderen Scheinwerfern und abgeänderter Längsseiten unterschieden sich diese Maschinen vor allem durch ihre Leistung und die Spurweite von 1668 mm von der V 200.1. Um die Loks problemlos überführen zu können, erhielten sie zunächst für die DB-V 200.1 gebaute Ersatzdrehgestelle. Erst in Irun an der spanischen Grenze wurden sie auf die Breitspurdrehgestelle umgesetzt und fuhren mit eigener Kraft zu ihrem Bestimmungs-Betriebswerk Madrid-Arocha. Hier blieben die Maschinen

Vor der Abreise nach Spanien. Neben der Lackierung der ML 4000 B'B' fällt sofort die gegenüber der V 200.1 geänderte Lüfteranordnung ins Auge. *Werkfoto: Krauss-Maffei*

während ihrer gesamten Einsatzdauer beheimatet. Da auf den Heizkessel verzichtet wurde, konnten zwei größere 16 Zylinder-Motoren des Typs MD 870 mit einer Leistung von je 1472 kW (2000 PS) verwendet werden, die über je ein Maybach-Mekydro-Getriebe K184 B ihre Leistung umsetzten. Diese Getriebe sind eine Abwandlung des K184 U der V 200.1 mit zusätzlicher hydrodynamischer Bremse. Trotz dieser Änderungen stieg die Gesamtmasse nur auf 88 t, also um nur 7 t im Vergleich zur V 200.1.

Weitere 20 Maschinen dieses Typs wurden ab Juni 1967 in Lizenz bei Babcock & Wilcox in Spanien gebaut.

Der Einsatz endete etwa zeitgleich mit dem bei der DB: Im Jahr 1987 erfolgte die Abstellung. Die ML 4000 B'B' war bei der RENFE zuletzt unter der Baureihennummer 340 eingereiht.

Parallelentwicklung der Deutschen Reichsbahn: Die V 180

Die Deutsche Reichsbahn war in den fünfziger Jahren wie die DB bemüht, die Dieseltraktion im Streckendienst einzuführen. Hier sollte eine zweimotorige Diesellokbaureihe mit 2 x 662 kW (2 x 900 PS) Leistung die Dampflokbaureihen 23, 50, 52 und 65^{10} ablösen.

Daher wurden in den Jahren 1959/60 vom VEB Lokomotivbau Karl Marx in Babelsberg zwei mit V 180 001 und 002 bezeichnete Prototypen mit einer Leistung von 2 x 662 kW (2 x 900 PS) und der Achsfolge B'B'fertiggestellt. Der Aufbau und die Technik sind der Baureihe V 200.0 grundsätzlich ähnlich. Zwei weitere Prototypen folgten im Jahr 1963, bevor zwischen 1963 und 1965 insgesamt 87 Lokomotiven der Baureihe V 180.0 in Dienst gestellt wurden. Mit einer stark abweichenden Stirnpartie aus glasfaserverstärktem Polyester wurde eine Lok als »V 200 1001« auf der Leipziger Frühjahrsmesse 1965 vorgestellt – sie kam als V 180 059 in den DR-Bestand.

Noch während der Auslieferung der V 180.0 konnte die Motorleistung auf 2 x 736 kW (2 x 1000 PS) gesteigert werden. Die zwischen 1965 und 1967 gebauten Loks wurden ab Werk mit diesen stärkeren Motoren ausgerüstet und als V 180 001 bis 082 bezeichnet. Einziger gravierender äußerlicher Unterschied zur V 180.0 ist der Ersatz von zwei Seitenfenstern durch Lüftungsgitter, um die Motorlüftung zu verbessern. V 180 131 erhielt ähnliche Führerstände wie V 180 059.

Für Nebenbahnen mit schwächerem Oberbau erschienen die vierachsigen Loks mit einem Achsdruck von 19,5 t zu schwer, doch war auch hier ein Bedarf an zugkräftigen Loks vorhanden. Folglich entschloß man sich, eine sechsachsige Variante der V 180 zu entwickeln, die eine maximale Achsfahrmasse von nur 15 t haben sollte.

Als erste dieser Probelok wurde V 180 201 im Januar 1964 geliefert. Sie hatte die Motoren der V 180.1. Die zweite Probelok wurde 1966 geliefert und als V 240 001 bezeichnet. Sie wurde mit neuen, 2 x 900 kW (2 x 1200 PS) starken Motoren ausgerüstet, die in ihr ausgiebig erprobt wurden. V 180 203 wurde wiederum mit den 736 kW (1000 PS) Aggregaten bestückt; erhielt aber analog zu den vierachsigen Loks eine Stirnpartie aus GFK. Die Serienlieferung begann 1966 mit V 180 204 und erstreckte sich bis zur 1970 gelieferten V 180 406. Ab 1971 wurde die V 180 in der neuen, computergerechten Nummerierung als Baureihe 118 bezeichnet.

Alle V 180.2 waren ursprünglich mit den 736 kW (1000 PS) -Motoren bestückt. Auch die V 240 001 wurde 1971 damit ausgerüstet und unter ihrer ursprünglich geplanten Nummer 118 202 in den DR-Bestand eingereiht. Die mit ihr gewonnenen Erfahrungen führten jedoch dazu, daß man beschloß, alle vorhandenen sechsachsigen 118er mit den 900 kW (1200 PS)-Motoren auszurüsten. Dies geschah ab 1972 im Zuge planmäßiger RAW-Untersuchungen. Die Ordnungsnummer der Loks mit stärkeren Motoren wurde dabei um 400 erhöht: 118.2-4 wurden zu 118.6-8. Die dadurch freigewordenen 736 kW (1000 PS)-Motoren verwendete man zur Leistungssteigerung der 118.0 und erhöhte deren Ordnungsnummer um 500 auf 118.5. Von beiden Unterbaureihen verblieben aber einige nicht umgebaute Loks.

Die GFK-Führerstände der 118 059, 131 und 203 wurden zwischenzeitlich der Serienausführung angepaßt. Zwar war die gute Sicht allgemein auf Zuspruch gestoßen, allerdings hatte es Abdichtungsprobleme mit den großen Scheiben gegeben.

Gegen Ende der DDR-Ära war der Stern der 118er bereits im Sinken. Die ab 1977 aus Rumänien importierte Nachfolgebaureihe 119 bereitete jedoch von Beginn an große Probleme. Diese Lok ist eine Weiterentwicklung der V 180 mit zwei dreiachsigen Drehgestellen, ebenfalls zwei Motoren, jedoch Strömungsgetrieben und einer elektrischen Heizeinrichtung. Bei den Motoren handelt es sich um rumänische Lizenzbauten des MTU-Motor MB 820.

Zur Ablösung der 118er führte schließlich die Wiedervereinigung und die damit verbundenen Veränderungen. Ersatzteilbeschaffung war nun kein Problem mehr und so waren bereits ca. 20 Prozent des DR-Lokomotivparks überflüssig. Der Rückgang des Güterverkehrs und die noch zu DDR-Zeiten massiv weitergeführte Elektrifizierung taten ein übriges, Rationalisierung und optimierte Umläufe den Rest. Im DB-Nummernschema wurden die verbliebenen 118er als Baureihe 228 eingereiht. Von den vierachsigen Loks schieden die letzten, nur noch sporadisch eingesetzten, 1993 aus dem Betriebsdienst aus.

Einiges wird aber doch von den 228ern überleben: neben Museums- und Privatbahnloks auch die Motoren. Sie dienen als Ersatz für die extrem störanfälligen und mangelhaft gefertigten rumänischen Motoren der Baureihe 219. Mit dem Umbau werden die Loks zwar schwächer (2x1200 statt 2x1345 PS), aber zuverlässiger. Als letzte zweimotorige Dieselloks der Deutschen Bahn AG werden sie noch einige Zeit im Bestand bleiben.

Die Technik der V 200.1

Trotz positiver Betriebserfahrungen waren die V 200.0 Ende der fünfziger Jahre an ihrer Leistungsgrenze angelangt, Reserven waren kaum noch vorhanden. Außerdem genügte die Heizleistung des Rauchröhrenkessels für die Versorgung langer Schnellzüge bei tiefen Temperaturen nicht mehr aus.

Um den gestiegenen Ansprüchen durch die Beschleunigung des internationalen Reiseverkehrs auch auf nicht oder noch nicht elektrifizierten Strecken gerecht werden zu können, beauftragte die DB die Firma Krauss-Maffei im Jahr 1960 mit einer Weiterentwicklung auf Basis der V 200.0. Dabei sollten die geringen Änderungen an Unterge-

Der fertig geschweißte und ausgerichtete Wagenkastenrohbau. *Werkfoto: Krauss-Maffei*

stell, Laufwerk und Aufbau möglichst gering ausfallen. Die Leistung sollte gegenüber den beiden 810 kW (1100 PS) Motoren der V 200.0 gesteigert werden. Vorgesehen war die Verwendung von zwei bereits bewährten Dieselmotoren MB 835 Ab von Daimler Benz mit je 993 kW (1350 PS) – wie sie einzeln in der Baureihe V 100.20 (heute: 212) verwendet wurden.

Eine wesentliche Forderung war trotz höherer Leistung die Beibehaltung der Massegrenzen. Die Radsatzlast durfte 20,5 t nicht überschreiten, die Gesamtmasse der Lok durfte somit maximal bei 82 t liegen, wollte man die Achsfolge B'B' beibehalten. Eine Variante mit dreiachsigen Drehgestellen und einem Achsdruck von 19 t wurde zwar in Erwägung gezogen, schied jedoch aus konstruktiven und zeitlichen Gründen aus.

Die Gesamtmasse der schwersten V 200.0-Variante sollte also um 2 t unterschritten und gegenüber der leichtesten Variante um nur 4 t überschritten werden. Die Unterschiede innerhalb der Baureihe V 200.0 ergaben sich aus den verschiedenen zur Verfügung stehenden Motoren und Getriebe.

Kurzübersicht: Technische Daten der V 200.1 (aus: DV 987/317/I)

Größte zulässige Geschwindigkeit	140 km/h
Kleinste Dauergeschwindigkeit mit voller Motorleistung in Fahrstufe 15	30 km/h

Abmessungen	
Länge über Puffer	18440 mm
Gesamtachsstand	14700 mm
Abstand der Drehgestellpunkte	11500 mm
Drechgestellachsstand	3200 mm
Größte Höhe über SO[1]	4267 mm
Größte Breite	3082 mm
Treibraddurchmesser neu/abgenutzt	950/870 mm
Kleinster befahrbarer Krümmungshalbmesser für allein fahrende Lok	100 m
dto. für im Zugverband fahrende Lokomotive	140 m
Kleinste befahrbare Aus- und Abrundung am Ablaufberg	200 m
Größte Neigung der befahrbaren Ablauframpen	1:25
Bodenfreiheit über SO[2]	100 mm
Achsfolge	B'B'
Gesamtgewicht (bei vollen Betriebsvorräten)	81 t
Dienstgewicht (Reibungsgewicht bei 2/3 Betriebsvorräten)	78 t
Achslast bei vollen Vorräten	20,25 t
Dieselkraftstoffvorrat	3200 l
Heizöl	1000 l
Kesselspeisewasser	3600 l
Sand für Besandung (8 Sandkästen)	280 kg
Kühlwasserinhalt je Maschinenanlage	590 l

Verbrauchsdaten	
Dieselkraftstoffverbrauch im Durchschnitt	2-3,5 l/km
Heizölverbrauch	80 l/h
Heizwasserverbrauch je Wagen	50-70 l/h

Dieselmotor	
Motortyp	Daimler-Benz MB 835 Ab mit Aufladung (später MTU MB 12V652)
Bauart:	V-Form 45 Grad
Arbeitsverfahren:	Vorkammer zentral 4 Takt einfach wirkend
Nennleistung:	993 kW (1350 PS)
Gebrauchsleistung:	934 kW (1270 PS)
Drehzahl bei Nennleistung:	1500 U/min
Untere Leerlaufdrehzahl mit/ohne Last	600/650 U/min
Obere Leerlaufdrehzahl ohne Last	1640 U/min
Drehrichtung bei Blickrichtung auf Kraftabgabeseite	Edul
Gewicht mit angebautem Zubehör und Schwingmetallkupplung	5400 kg
Kolbenhub	230 mm
Zylinderbohrung	190 mm
Zylinderzahl	12

Gesamthubvolumen	78,25 l
Zündfolge	1-8-5-10-3-7-6-11-2-9-4-12
Ventilspiel bei kaltem Motor Einlaß/Auslaß	0,25/0,30 mm
Einspritzeinrichtung	2x Bosch PE 6 ZWM 160/ 400/3 LS 108
Einspritzdüse	DNOSD 131
Einspritzdruck	140-145 kg/cm²
Förderbeginn für Einspritzen bei Leerlauf v.o.T.	21 Grad
Motorregler	Maybach- und Daimler-Benz-Füllungsregler
Ölinhalt der Kurbelwanne max./min.	138/75
Öldruck bei Leerlauf/Vollast	4,0/6,0 kg/cm²
Ölfilter	Mann und Hummel 67930 91145
Triebwerkfilter	-
Abgaslader	BBC 250 Z4S liegend
Max. Drehzahl des Abgasladers	23000 U/min
Aufladedruck bei Dauerleistungsdrehzahlen	1,00 kg/cm²
Auslaufzeit des Läufers nach 5 min Leerlauf	2,50 min
Luftfilter	Delbag 294 A 3365
Kraftstoffvorfilter	Mann und Hummel 51 310 62 028
Kraftstoffhauptfilter	Knecht FB 420/5 C
Kraftstoffförderpumpe	Werdohler Pumpenfabrik FMa 1,5/12
Schmierölvorpumpe	Werdohler Pumpenfabrik FMa 2/36

Kühl- und Lüfteranlage

Je Maschinenanlage eine V-Kühlanlage mit 20 Teilblockelementen (1050x200x200 mm), hydrostatischem Lüfterantrieb mit Lüfterregler. Kühlleistung 960000 kcal/h bei 35 °C Außentemperatur und 85 °C Kühlwassertemperatur am Motoraustritt.

Kühlwasserumlaufmenge	75 m³/h
Lüfterpumpe	Typ 25 mit n=1800 U/min bei max. 1500 U/min
Lüftermotoren	2 Stück Typ 20, n=1670 U/min bei maximaler Pumpendrehzahl und voll ausgesteuertem Lüfterregler
Lüfterräder	2 Stück mit einem Durchmesser von 950 mm
Max Betriebsdruck Hydrauliköl	127 kg/cm²
Überdruckventil spricht an bei	140 kg/cm²
Lüfterregler	4.011.20.851 im Motoraustritt
Thermostatisches Arbeitselement	EV 10 382
Gesamt-Arbeitsbereich	71-82° Celsius
Lüftervollauf bei	80° Celsius

Kraftübertragungsanlage

Maybach-Mekydro-Getriebe K 184 U

Drehmomentwandler mit nachgeschaltetem mechanischem Vierganggetriebe und eingebautem Wendegetriebe. Das mechanische Vierganggetriebe und das Wendegetriebe wird mit Maybach-Abweisklauenkupplung geschaltet, welche von öldruckbetätigten Schaltkolben verschoben werden.

Achsgetriebe	Maybach C 34

Bremsanlage

Drucklufterzeugung durch 2 elektrisch angetriebene Knorr-Luftpresser Type VV 110/200 mit einer Gesamtfördermenge von 1600 l/min bei 10 kg/cm Druck.

Heizanlage

(aus: Technische Informationen, Fa. Hagenuk)

Typ	Hagenuk-Heizdampfkessel (Vapor Heating) Typ OK 4616
Kesselbetriebsdruck	5 kg/cm²
Max. Dampfleistung	840 kg/h
Heizfläche	10,1 m²
Wasserinhalt	52,7 l
Speisewasser-Pumpendruck bei Großfeuer und 5 kg/cm Kesseldruck	17-22 kg/cm
Überdruckventil der Speisewasserpumpe eingestellt auf	39 kg/cm²
Kesselprüfdruck des Kessels mit Wasserabscheider	43 kg/cm²
Überdruckventil der Speisewasserpumpe eingestellt auf	39 kg/cm²
Kesselprüfdruck	43 kg/cm²
Überdruckventil der Brennstoffpumpe eingestellt auf	10,5-11 kg/cm²
Danfoß-Luftdruckschalter öffnet seinen elektrischen Kontakt unter	1,8 kg/cm²
Brennstoffdüsendruck	0,6-3,5 kg/cm²
Brennstoffdüse hat 6 Löcher je	0,5 mm Durchmesser
Zerstäuber-Luftdruck	2,1-2,5 kg/cm²

Dampfübertemperatur-thermostat öffnet bei	180 °C
Danfoß Dampfdruckschalter öffnet bei	5,9 kg/cm²
Sichheitsventile öffnen bei	6 kg/cm²
Kaminthermostat öffnet bei	380 °C
Abstand der Zündelektroden	4,5-5 mm
Verstärkerrelais des Flammen-überwachung spricht an bei	3,5 mAmp
fällt ab bei bei	2 mAmp
Bei brennender Flamme fließen	6 mAmp
Sicherheitsrelais 9 ist 3 sec. abfallverzögert	
Leistung des Antriebsmotors	2,2 kW bei n= 1600-1660 U/min

Heizkesselleistung 840 kg Dampf/h bei 125 V Betriebsspannung genügt
bis 0 °C Außentemperatur für 15 Reisezugwagen
bis -10 °C Außentemperatur für 12 Reisezugwagen
bis -20 °C Außentemperatur für 10 Reisezugwagen

Alternativ: Vorheizanlage	
Typ	Hagenuk K 75
Heizkessel	HK 75
Heizleistung	max. 85 kW
zul. Gesamtüberdruck	max. 1,5 bar
zul. Vorlauftemperatur	max. 95 °C
Kühlwasserstrom	> 3 m³/h
Gewicht	ca. 85 kg
Vorsatzbrenner BR 40	
Kraftstoff	Heizöl EL oder Dieselkraftstoff
Kraftstoffdurchsatz	2,9-12 kg/h
Masse	29 kg

Anmerkungen:

1) bei neuen Radreifen und leeren Vorratsbehältern

2) bei abgenützten Radreifen innerhalb und außerhalb der Schienen

Baurichtlinien für die V 200.1

Das Hauptproblem beim Bau der V 200.1 war die Kompensation der schwereren Maschinenanlage. Die beiden Motoren lagen mit insgesamt 10.730 kg um 902 kg über dem Wert der MD 650, den schwersten Motoren der Baureihe V 200.0, obwohl man bereits 556 kg eingespart hatte, indem bei der V 200.1 kein Motorrahmen, sondern eine leichtere, elastische Motorlagerung vorgesehen war. Auch die leistungsfähigeren Mekydro-Getriebe schlugen mit einem Plus von zusammen 1.720 kg gegenüber den schwersten V 200.0-Getrieben LT 306 r zu Buche. Schließlich wirkten sich auch noch die Leistungserhöhungen von Kühlergruppe, Wärmetauscher, Gelenkwellen und der Schalldämmung ungünstig auf die Massebilanz aus. Ebenfalls negativ, wenn auch mit lediglich 505,7 kg, schlugen das wegen der höheren Leistung verstärkte Untergestell, die verlängerten Drehtürme und stärkere Querträger zu Buche.

Diese, durch die höhere Leistung bedingte höhere Masse von insgesamt 2474,7 kg konnte zum wesentlichen Teil durch die Verwendung einer leichteren Heizanlage reduziert werden. Dabei schlugen sich nicht nur die 880 kg nieder, die der von Hagenuk in Lizenz gebaute Heizkessel Vapor-Heating OK 4616 leichter war als der MAN-Rauchröhrenkessel M 471134 der V 200.0, sondern auch der geringere Wasserinhalt. Dieser macht noch einmal eine Ersparnis von immerhin 745 kg aus. Die Speisewasserbehälter mit einem Inhalt von 3600 l konnten durch Verwendung von glasfaserverstärktem Polyester um 541 kg, also gut die Hälfte leichter als die Stahlbehälter der V 200.0, ausgeführt werden. Somit wurden durch die Verwendung eines neuen, leistungsfähigeren Kessels und neuer Werkstoffe bei der Zugheizungsanlage insgesamt 2.166 kg eingespart. Da der Rohbauwagenkasten nicht und die Laufwerke kaum für Gewichtseinsparungen in Frage kamen, mußten sich die Bemühungen auf folgende Bauteile konzentrieren:

Motorlagerung, Behälter für Brennstoff und Wasser, Rohrleitungen, Türen, Deckel, Klappen, Ver-

geringere Masse		höhere Masse	
Untergestellzubehör	40,3 kg	Untergestell/Drehtürme/ Querträger	505,7 kg
Kastenaufbau	70 kg	Antriebsanlage gesamt	1969,0 kg
Wagenkasteneinbauten	1.420,7 kg		
Behälter	614,4 kg		
Kühlwasser-/Kraftstoffanlage	175,3 kg		
Elektrische Ausrüstung	1.264,0 kg		
Drehgestell 1	22,9 kg		
Drehgestell 2	103,7 kg		
Füllungen/Vorräte	250 kg		
Heizkesselanlage	1494,2 kg		
Gesamt	5455,5 kg	Gesamt	2474,7 kg

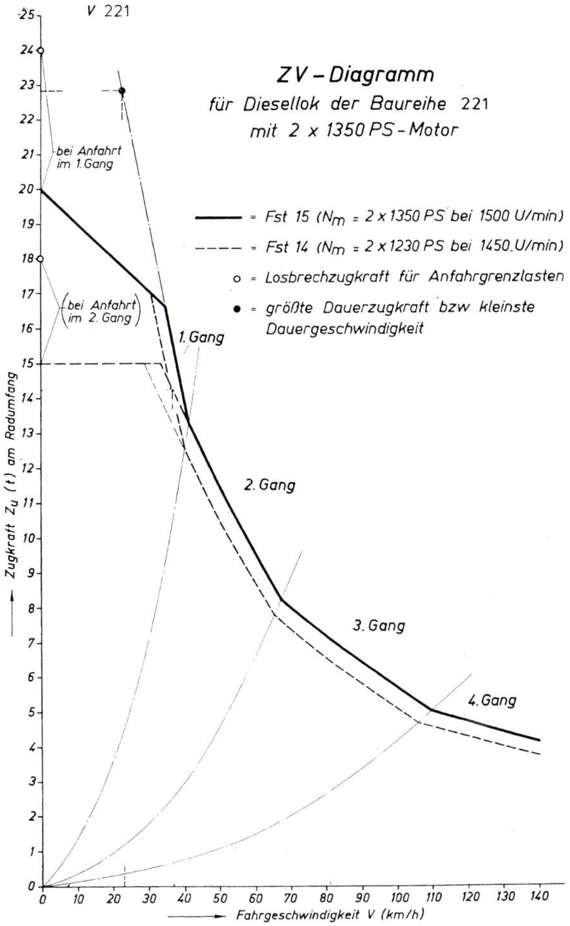

Das Z-V-Diagramm für die Baureihe 221.

Abbildung: Sammlung Frank Larsen

teilerkästen, Apparateschränke und Luftführungsteile der Kühlanlage.

Der Vergleich zur V 200.0 ergibt im einzelnen obenstehende Werte.

Das ergibt eine Ersparnis von insgesamt 2981 kg bei der V 200.1 gegenüber der V 200.0.

Die rechnerische Gesamtmasse bei vollen Vorräten lag damit bei 81,315 t und somit unter den Anforderungen. Tatsächlich brachten die Loks der ersten Serie bei vollen Vorräten durchschnittlich 80,7 t, ohne Vorräte 72,5 t auf die Waage. Bei den Loks der zweiten Serie lag die Masse leicht höher, da diese Loks einen Abgasschalldämpfer erhielten. Beim Austausch der Zugheizung gegen eine Vorwärm- und Warmhalteeinrichtung in den 80er Jahren sank die Masse bei den betroffenen Maschinen geringfügig. Die am Fahrzeug angeschriebenen 78 t ergeben sich aus dem Prinzip, die Dienst- und Reibungsmasse immer bei 2/3-Vorräten auszugehen.

Durch das günstige Verhältnis zwischen Fahrzeugmasse und Motorleistung war die V 200.1 bis zur

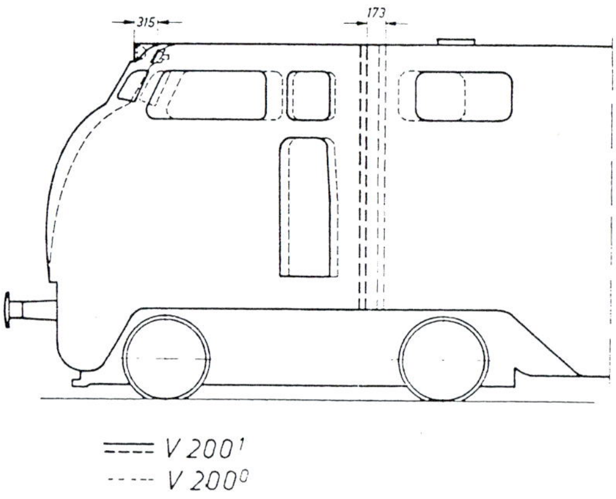

Zeichnung der unterschiedlichen Vorbauten der V 200.0 und V 200.1. *Abbildung: Krauss-Maffei*

Indienststellung der französischen BB 69 000 im Jahr 1963 die stärkste vierachsige Diesellok der Welt. Für die ihr zugedachten Aufgaben, nämlich die Beförderung von Fernschnellzügen sowie mittleren bis schweren Reise- und Güterzügen, war die V 200.1 damit bestens gerüstet. Mit ihr entstand auf dem Dieselloksektor eine ernsthafte Konkurrenz zur Dampflokbaureihe 01.

Der Fahrzeugteil

Gesamtanordnung

Der Gesamtaufbau der V 200.1 entspricht im Wesentlichen dem der V 200.0, die mit 18470 mm Länge über Puffer 30 mm länger ist als ihre Nachfolgerin. Trotz einer grundsätzlichen Ähnlichkeit zur V 200.0 weicht die V 200.1 in zahlreichen Detaillösungen sehr stark von dieser ab.

Die V 200.1 ist von der Mitte her symetrisch aufgebaut. Zwischenwände unterteilen die Lok in sieben Sektionen. Die Führerstandsrückwände und die dazugehörigen Türen sind schalldämmend ausgeführt, die übrigen Zwischenwände und -Türen nicht. In der Mitte befindet sich der Heizkessel, beiderseits flankiert von den Speisewasserbehältern und den darüber befindlichen Kühlanlagen. Die Bremsluftverdichter, der Indusi-Umformer und das Gerätegerüst für die Spurkranzschmierung befinden sich ebenfalls in diesem Bereich. Bei der V 200.0 war dieser Bereich nicht durch Trennwände vom übrigen Maschinenraum abgeteilt.

Dem Heizkessel- und Kühlanlagenraum schließt sich beiderseits ein Dieselmotorraum an. Von den Führerständen aus sind diese Räume über zwei Seitengänge begehbar. Damit wurde gegenüber der V 200.0 mit nur einem Seitengang der Zugang zu den Maschinenanlagen erheblich verbessert. Dieser Raumgewinn wurde durch eine geänderte Kühlluftführung sowie eine Verlegung der Luftpresser und der Indusi-Umformer erreicht.

Die Führerstände liegen wie bei der V 200.0 neben den Motoren oberhalb der Getriebe. Der jedem Führerstand vorgelagerte Vorbau wurde jedoch ebenso wie die Stirnwand etwas anders gestaltet: Infolge größerer Kühlanlagen waren die Motoren gegenüber der V 200.0 um 173 mm in Richtung Führerstand verschoben. Da die Führerstandsfläche aber noch leicht vergrößert werden mußte, um eine genügend große Ein- und Ausbauöffnung für die wegen der höheren Leistung größeren Getriebe zu erhalten, wurde das Dach um 315 mm verlängert, bei annähernd gleicher Länge über Puffer. Dadurch entstanden kleinere, steiler geneigte Vorbauten, die Führerstände fielen etwas größer aus.

In den Vorbauten befindet sich die Makrophonanlage. Im Gegensatz zur V 200.0 ragt allerdings die Lichtanlaßmaschine nicht mehr so weit in den

Vergleich der unterschiedlich geneigten Vorbauten von 221 107 (vorn) und V 200 007 (hinten), aufgenommen im Oktober 1985 in Neuenmarkt-Wirsberg. *Foto: C. Honzera*

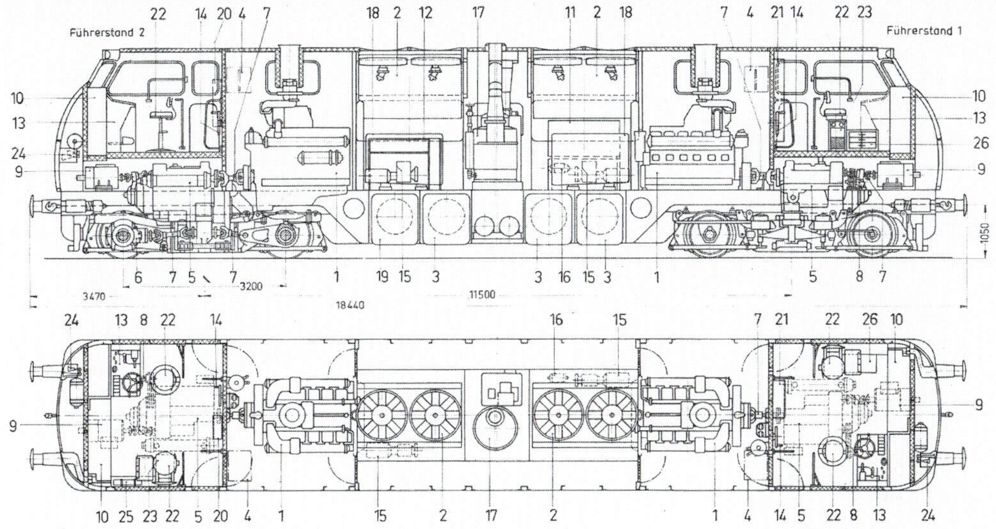

1* Dieselmotor mit Abgasturbolader und Kühlwasserumwälzpumpe
2* Kühlergruppe mit Kühlerklappen
3 Dieselkraftstoffhauptbehälter
4 Dieselkraftstoffbetriebsbehälter
5* Hydromechanisches Getriebe
6* Achstriebe und Achslager mit Federung
7* Gelenkwellen
8 Hydr. Lüfterpumpe
9* Lichtanlaßmaschine
10 Apparateschränke im Führerraum
11 Apparateschrank im Maschinenraum
12* Gerätegerüst für Spurkranzschmierung
13 Führerpulte
14* Handbremsräder mit Antriebsketten
15* Bremsluftverdichter
16* Indusiumformer
17* Heizkessel mit Ölfeuerung
18 Speisewasserbehälter
19 Heizölbehälter
20 Indusischrank
21 Kleiderschrank
22 Führersitz
23 Führerraum- und Fenster-Heizanlage
24 Tonsignalanlage
25 Werkzeugkasten
26 Gerätekasten

* bedeutet "mit Schmierstellen"

Grund- und Aufrißzeichnung der V 200.1. *Abbildung: Sammlung Frank Larsen*

Vorbau hinein und die hydraulische Lüfterpumpe liegt neben dem Getriebe.

Ebenso wie die Getriebe dank abnehmbarer Dachteile durch den Führerstand ein- und ausgebaut werden können, sind auch über den Motorräumen sowie dem Heizkessel-und Kühlraum abnehmbare Dachklappen zum Ein- und Ausbau der Aggregate vorhanden. Einige Bauteile sind durch Klappen in den Front- und Seitenwänden zugänglich.

Am Untergestell wurden zwischen den Drehgestellen vier Leichtmetallbehälter für Kraftstoff und Heizöl, zwei Hauptluftbehälter, die Batterien und die Heizwasser-Feuerlöschanlage installiert.

Die Konstruktion des Kastenrohbaus, bestehend aus Untergestell und aufgeschweißtem Kastenaufbau, entspricht weitgehend dem der Baureihe V 200.1. Er ist mit 11,9 t relativ leicht. Aufwendige Versuche belegten jedoch eine hohe Festigkeit.

Das Untergestell besteht aus zwei von Pufferträger zu Pufferträger in Längsrichtung durchgehenden Stahlrohren von 159 mm Durchmesser und 4,5 mm Wandstärke sowie längs- und quer-

Der Kastenrohbau in der Schweißerei: Deutlich erkennbar sind die senkrechten Streben der Trennwand zwischen Heizkessel- und den Motorräumen sowie die Dachöffnungen für die beiden Kühlergruppen. *Werkfoto: Krauss-Maffei*

Durch die Frontklappen ist nicht nur die Lichtanlaßmaschine zugänglich. Ein Trittbrett verschafft Zugang zu höheren Regionen.
Foto: Frank Larsen

laufenden Blechträgern, die eine brückenartige Konstruktion bilden, auf der der Kastenaufbau aufgeschweißt ist. Um die hohen Gewichte der Antriebsanlage ohne Verwindungen und zu große Spannungen im Wagenkasten tragen zu können, ist die Mittelpartie durch zwei innerhalb der beiden Rohre mit allen Querspanten verschweißte hochstegige, gegurtete Preßblechträger senkrecht versteift. Dieses Untersgestellgerippe wird durch geschweißte, 4 mm starke Abkantträger zusammengefaßt. Eine zusätzliche Versteifung ist durch ein ebenfalls 4 mm starkes Deckblech gegeben. Es ist im Bereich der Motoren und Getriebe ausgeschnitten. Mit Ausnahme des Motors, dessen Aufnahme direkt auf den Spanten ruht, die jedoch mit dem Deckblech verschweißt sind, sind alle Aggregate auf diesem Blech gelagert.

Ein typischer Schwachpunkt in der Konstruktion war, daß schon bei leichten unfallbedingten Aufstößen das Untergestell in der Regel im hinteren Bereich der Vorbauten knickte. Eine Verschleißpufferbohle hätte möglicherweise nicht so elegant ausgesehen, aber manchen Stoß abgefangen.

Das Kastengerippe ist vollständig geschweißt. Es besteht aus 2 und 2,5 mm starken, abgekanteten Blechen. Kastengerippe und Untergestell sind durch Schweißnähte fest verbunden. Die 2 mm dicke seitliche Außenbeblechung ist wiederum auf das Kastengerippe aufgeschweißt. Im Bereich der Vorbauten ist die Beblechung nur 1,5 mm stark und wurde mit einer Holzschablone vorgeformt.

In den Längsseiten befinden sich verstellbare Jalousien. Im Dachbereich sind alle aus Metall gefertigt, im Mittelbereich je Seite zwei Jalousien mit durchsichtigen Scheiben. In der Fahrzeugmitte erhielt die V 200.1 für den Heizkesselraum ein fest verschlossenes Fenster. Die Lüfterjalousien sind der augenfälligste Unterschied zur V 200.0. Deren lange Fenster in den Längsseiten mußten aufgegeben werden, da die V 200.1 die Kühlluft nicht über Kanäle im Dachbereich, sondern direkt aus dem Maschinenraum ansaugte.

In den letzten Betriebsjahren der Baureihe 221 zeigten sich vor allem bei den Loks, die lange Zeit in den norddeutschen Küstenregionen eingesetzt waren, deutliche Korrosionsschäden am Kastenaufbau. Besonders anfällig für Korrosionsschäden waren die Bereiche unterhalb der Fenster. Durch spröde gewordene Gummidichtungen eingedrungenes Wasser war eine häufige Ursache. Im AW verzichtete man bei den letzten Untersuchungen oft auf eine Neubeblechung der betroffenen Bereiche und versuchte mit Spachtelmasse, die Zeit bis zur Ausmusterung zu überbrücken.

Geräuschdämmung

Beim Erscheinen der V 80 und V 200.0 wurden noch keine konkreten Forterungen zu einem Geräuschpegellimit gestellt. Im Fall der V 200.1 forderte man in Führerhausmitte maximal 75 Phon bei Leerlauf und 85 Phon bei Vollast. 15 cm außerhalb der geöffneten Führerstandsfenster und 4 m seitlich der Motorkammer sollten höchstens 80 Phon bei Leerlauf und 90 Phon bei Vollast erreicht werden.

Die Einbauverhältnisse der Maschinenanlagen in der V 200.1 waren dazu denkbar ungünstig: Getriebe unter dem Führerstandsboden und Dieselmotoren direkt hinter der Führerstandswand. Immerhin strahlte der Motor 117 Phon und das Getriebe 112 Phon ab. Beide waren vom Führerstand nur durch Führerhausrückwand bzw. Fußboden getrennt. Durch verbesserte Dämmmaterialien und bessere Lagerung unter Verwendung von Gummielementen konnten zwar bessere Werte als bei der V 200.0 erziehlt werden, die geforderten Werte wurden aber bei der ersten Serie etwas überschritten.

Der Verzicht auf einen Abgasschalldämpfer machte sich deutlich bemerkbar. Er erschien nach damaligem Entwicklungsstand vom Einbauvolumen sowie der zusätzlichen Masse von insgesamt 500 kg als nicht tragbar. Die guten Geräuschwerte, die die V 160 oder auch die ebenfalls zweimotorige V 320 erreichte, weil bei ihnen die Antriebsmaschinen günstiger angeordnet waren, wurden auch von der zweiten Serie der V 200.1 nicht erreicht.

Drehgestelle

Die Drehgestellbauart entspricht der V 200.0, der Achsstand von 3.200 mm ebenso. Auch die In-

Der Drehgestellrahmen: Gut zu erkennen sind die vollständig geschweißte Konstruktion und die runden Aufnahmen der Schraubenfedern. *Werkfoto: Krauss-Maffei*

Das einbaufertige Drehgestell. Deutlich zu sehen ist die Anordnung der Federung. Neben dem Drehgestell warten u.a. Fahrpulte und ein Heizkessel auf ihren Einbau. *Werkfoto: Krauss-Maffei*

nenlagerung der Radsätze wurde übernommen. Es handelt sich um vollständig geschweißte Blechträgerkonstruktionen mit vier auskragenden Längsholmen. Die Holme sind an den Drehgestellenden durch Kopfträger verbunden, was die Festigkeit erhöht. Die Drehgestelle sind wie bei der V 80 und V 200.0 wegen des mit dem Abtrieb tief in das Drehgestell eintauchenden Getriebes nicht auf einem Drehzapfen gelagert. Die Führung erfolgt durch Lenkhebel um einen ideellen Drehpunkt. Zur Abstützung des Lokomotivkastens auf den Drehgestellen dienen Gummiteller, die auf Dreh- und Querschub beansprucht werden. Die Drehung geschieht nicht auf Gleitstücken, vielmehr stellen die am Lokomotivkasten befestigten Blattfedern ihre am Drehtgestellrahmen aufgehängten Federspannschrauben schräg. Kreuzschneidenlager vermindern die entstehenden Reibungskräfte.

Die Führung der Radsätze übernehmen je zwei Achslenker, zwischen denen das Achsgetriebe liegt. Sie sind verschleißlos und so elastisch am Drehgestellrahmen gelagert, daß Seitenbeschleunigungen durch sie etwas kompensiert werden. An der Achsseite umschließt ein Gehäuse ein Pendelrollenlager für die mit 200 mm gegenüber der V 200.0 um 20 mm stärkere Achse. Auf den Achslenkern lagern acht Achsblattfedern in Bronzeschalen. Die Federung der V 200.1 setzt sich also aus der Radsatzfederung und der Kastenfederung zusammen. Es entfallen laut Berechnung 19,6 % der Gesamtfederung auf die Radsatzfederung und 80,4 % auf die Kastenfederung. Gemessen wurden 16,5 % Anteil der Radsatz- und 83,5 % der Kastenfederung. Durch die tiefe Drehgestellführung, die Gummiabstützung und die Qualität der Federung wurde gegenüber der V 200.0 eine bessere Laufruhe erreicht. Die Werte liegen nahe an denen von Reisezugwagen bzw. der Baureihe V 160.

Die Übertragung der Zug- und Bremskräfte erfolgt bei der V 200.1, wie bei der V 200.0 durch sogenannte »Drehtürme«. Es handelt sich um zwei breite, geschweißte Stahlblechträger, die die in Längsrichtung verlaufenden Stahlrohre des Untergestells umschließen und wie die Spanten mit dem Untergestell verschweißt sind. In diesen Drehtürmen, die in die jeweilige Drehgestellmitte eintauchen, ragt auch das Getriebe ins Drehgestell hinein. Zur Aufnahme der Brems- und Zugkräfte sind am Drehturm zylindrisch geschliffene Platten befestigt. Entsprechende kugelige Gegenplatten sind am Drehgestellrahmen angebracht. Bei V 200 101 – 120 waren die Platten ursprünglich aus Manganhartstahl gefertigt, bei V 200 121 – 150 aus Polyamid. Zur Querführung der Drehgestelle wirken Lenkhebel und Querstoßdämpfer an den Drehtürmen. Wie bei V 80 und V 200.0 hängen die Drehgestelle mit Ketten am Untergestell, damit sie sich beim Anheben nicht lösen und ein Eingleisen möglich ist.

Radsätze

Wie bereits beschrieben, entspricht der Radsatzdurchmesser von neu 950 mm und abgenutzt 870 mm dem der Baureihe V 200.0. Der Durchmesser der Achsnabe und das Material für die Radreifen (M 80) wurden ebenfalls übernommen. Dadurch sind die Räder zwischen den beiden Baureihen grundsätzlich tauschbar. Unterschiede bestanden jedoch in der Formung und Festigkeit der Räder: Statt St 42.11 bei der Baureihe V 200.0 verwendete man bei der V 200.1 MSt 50-2 und bildete Steg und Nabe kräftiger aus. Der Steg wurde nicht mehr gewellt, sondern gerade mit positivem Sturz nach außen ausgeführt. Bei der vorgesehenen Teibachslast von je 20 t war zunächst ein Raddurchmesser von 1100 mm gewünscht gewesen, um die Wärmebelastung der Radreifen gering zu halten. Dazu wäre jedoch ein größerer Achsstand und damit größere Drehgestelle nötig gewesen. Auch hielt man das Mehrgewicht, das entstanden wäre, nicht für tragbar. Die Entscheidung, die Räder daher nur mit 950 mm Durchmesser auszuführen, warf im Betrieb allerdings Probleme auf. Da die V 200.1 nur über eine herkömmliche Klotzbremse verfügte, kam es vor allem auf steigungsreichen Strecken durch die beim Bremsen enstehende Reibungswärme zu thermischen Problemen an den Radsätzen und zu einem sehr hohen Radreifenverschleiß, ein Problem, das später auch der griechischen Staatsbahn zu schaffen machte und zu einem hohen Schadbestand führte.

Um das Problem mit der Wärme in den Griff zu bekommen, projektierte Krauss-Maffei bereits 1963/64 Speichenräder für die zu liefernden Er-

Ein Radsatz mit Achslenkern und Achstrieb. *Werkfoto: Krauss-Maffei*

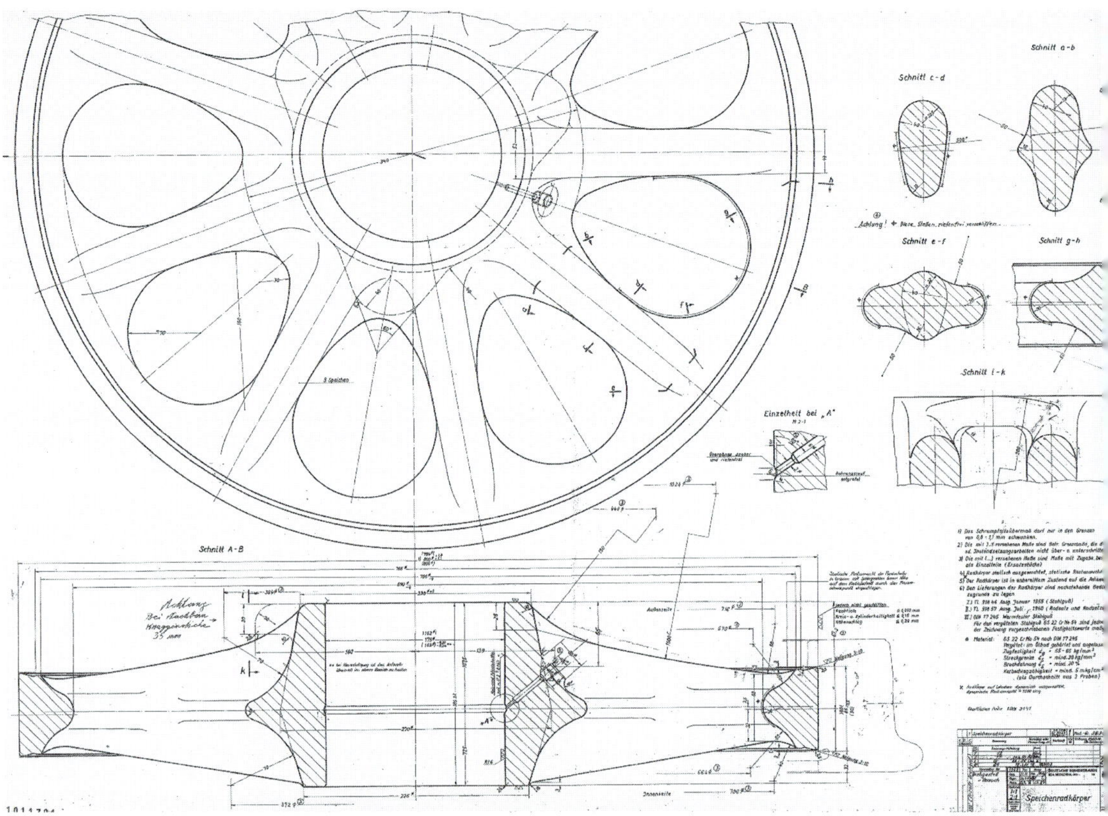

Konstruktionszeichnung des Speichenradkörpers der Versuchsräder für die V 200.1 *Abbildung: Krauss-Maffei*

satzdrehgestelle. Bei einigen V 200.1 wurde daraufhin ein Drehgestell mit normalen Rädern durch eins mit Speichenrädern ersetzt. Über diesen Versuch konnten trotz intensiver Recherchen kaum Unterlagen gefunden werden. Nachgewiesen sind die Speichenräder bei V 200 101 und 104. Es liegt nahe, daß noch weitere Kemptener Loks in den Versuch einbezogen waren. Auch die Lübecker V 200 118 soll mit Speichenrädern gelaufen sein. Der Umbau war nicht von Erfolg gekrönt und so wurden alle daran beteiligten Loks wieder mit den Scheibenrädern ausgestattet.

Die Achse war von vorne herein nicht zwischen den beiden Baureihen tauschbar, da sie durch die höhere Belastung an den Aufhängungen einen Durchmesser von 200 mm statt 180 mm hat.

Spurkranzschmierung

Der Einsatz der V 200.0 auf der steigungs- und kurvenreichen Schwarzwaldbahn Offenburg–Villingen hatte schon bald eine verstärkte Spurkranzabnutzung zur Folge wodurch eine Spurkranzschmierung nötig wurde. Bei der V 200.1 wurde diese daher bereits ab Werk installiert. Es handelt sich dabei um eine neu entwickelte, pneumatisch angetriebene, ferngesteuerte und wegabhängige Spurkranzschmierung der Bauart »Vogel«. Eine Pumpe bewegt das Fett vom Vorratsbehälter über einen Filter zu den Düsen am Spurkranz, wo es mit Druckluft gesprüht wird. Ein Richtungsschalter gewährleistet, daß nur der vorlaufende Radsatz geschmiert wird. Geregelt wird die Anlage von einem Steuergerät, das mit 110 V arbeitet und Impulse von einem Geber erhält und die anderen Bauteile über Druckluft ansteuert.

Schleuderschutz

Ein an einem Lager angebrachter Generator liefert eine bestimmte Gleichspannung an ein Auswertgerät im Schleuderschutzapparat. Schleudervorgänge oder Überdrehzahlen beeinflussen durch eine veränderte Spannung das Steuergerät vom Typ S-vSE, S-VsE 110 oder S-Vs 110 der Firma Krauss Maffei. Bei der ersten Serie wurde dies nur durch einen Leuchtmelder angezeigt und der Lokführer konnte selber Gegenmaßnahmen ergreifen. Bei der zweiten Serie griff die Schutzeinrichtung selbst ein.

Die erste Serie wurde nach und nach umgerüstet. Bei Schleudervorgängen oder Überdrehzahlen wird die Druckluftleitung 5 zum 16-Stellungsgerät durch das Schleuderschutzmagnetventil entlüftet, wodurch die Motorleistung leicht zurückgeht. Beim Schleudern wird zusätzlich der Steuerstromkreis zum Reglermagneten von Fahrstufe 6 aufwärts unterbrochen, wodurch die Motorleistung insgesamt unterbrochen wird.

Das Vorhandensein einer Schleuderschutzeinrichtung erscheint zunächst sinnvoll, da die V 200.1 im Verhältnis zum Gewicht eine hohe Leistung hatte und so leicht zum Schleudern neigte. Für die Lokführer in Allgäu und Schwarzwald war der Leistungsverlust, den sie nicht beeinflussen konnten, allerdings ein deutlicher Nachteil. Da die Halterungen der Schleuderschutzgeber in den Drehgestellen zum Abreißen neigten und die Geber durch Fremdkörper im Gleis oft beschädigt wurden, verlegte man sie im Rahmen von Hauptuntersuchungen ans Getriebe.

Bremse

Im Wesentlichen wurde die Bremsausrüstung der V 200.0 beibehalten: Eine einlösige Klotzbremse der Bauart Knorr mit G-P-R-Wechsel, Zusatzbremse und einer Handbremse. Erkenntnisse aus der V 160 halfen bei der Entwicklung der Bremsanlage. Scheibenbremsen wie bei der V 320 wurden erwogen, aber in erster Linie aus Gewichtsgründen wieder verworfen.

Die V 200.1 verfügte je Drehgestell über vier 8-Zoll-Bremszylinder. Die Bremse sollte leistungsfähiger als die der V 200.0 sein: Bei 5 Promille Gefälle und einem Vorsignalabstand von 1000 Metern sollten 140 km/h zugelassen sein. Das heißt, es mußten in Stellung R 148 Bremshundertstel erreicht werden. Bei der V 200.0 wurden nur 120 Bremshundertstel erreicht. Um diese Vorgabe zu verwirklichen mußte das Gestänge einen höheren mechanischen Wirkungsgrad haben, die Abbremsung höher und der spezifische Klotzdruck geringer sein. Dementsprechend wurde das Gestänge sehr stabil mit nur wenigen Reibungspunkten ausgeführt. Die Abbremsung wurde durch einen Bremsdruckregler an der zweiten Treibachse bei Geschwindigkeiten ab 50 – 60 km/h automatisch von niedrig auf hoch umgeschaltet. Bei V 200 101 – 120 ist ein Gleitschutzregler eingebaut. Die Verwendung von 350 mm umschließenden Bremsklötzen bewirkte eine Herabsetzung des spezifischen Klotzdrucks.

Diese Konstruktion übertraf sogar die Anforderungen: Bei Versuchen wurden statt der verlangten 148 sogar 152 Bremshundertstel erreicht. Die vier Bremszylinder stehen aus Platzgründen im Drehgestell. Die erforderliche Druckluft für die Bremse liefern zwei elektromotorisch angetriebene Luftpresser der Bauart Knorr VV 110/200, wie sie bereits in den Triebwagen VT 23/24 installiert worden waren. Bei 1600 l/min liefert jeder Luftpresser bei 10 bar Druck 640l/min. Eine Gleitschutzeinrichtung entlüftete beim Blockieren der Räder kurzeitig die Bremszylinder.

Ziel war es, die Häufigkeit von Flachstellen zu vermindern und damit den Radreifenverschleiß zu reduzieren. Vor der V 200.1 hatte bei der DB als einzige Serienlok die V 200.0 eine solche Einrichtung.

Eine Besandungsanlage mit acht Behältern sollte die Reibung zwischen Rad und Schiene beim Anfahren und Bremsen verstärken. Beim Drücken des Tasters »Sanden« wurden die jeweils vorlaufenden Radsätze der beiden Drehgestelle gesandet.

In den 70er Jahren wurde die einlösige Bremse der V 200.1 durch eine mehrlösige Bremse der Bau-

Verwendung des Drehgestelles Nr. ~~200/1030~~ 751 1030

Das Drehgestell war eingebaut							
in dem Fahrzeug Nr.	vom	bis	leistete in diesem Fahrzeug km	ausgebaut im AW/Bw	am	Laufleistung seit der letzten bahnamtlichen Untersuchung	
V 200 115	März 63	16.1.64	145 000	Bahnbetriebswerk	16.1.64	145 000	
V 200 113	13.2.64	27.7.64	33 000	Bahnbetriebswerk	27.7.64	178 000	
V 200 102	2.10.64	15.12.64	40 000	Kempten / Allg.	15.12.64	174 000	
V 200 107	18.1.65	12.3.65	24 000	Kempten	12.3.65	298 000	
V 200 111	25.6.65	25.2.66	114 000	Bahnbetriebswerk Hamburg-Altona	25.2.66	412 000	Hm
V 200 114	14.4.66	17.7.67	185 000	Bahnbetriebswerk Hamburg-Altona	17.7.67	185 000	
V 200 107	7.8.67	8.1.68	75 000	AW Nür	8.1.68	260 000	
221 155	31.1.68	13.2.69	177 000	Bw Kempten	13.2.69	437 000	Hü.
221 127-4	21.3.69	25.11.69	146 000	AW Nürnberg	25.11.69	146 000	
221 121-7	23.1.70	16.7.70	107 000	Bw Villingen	16.7.70	253 000	
221 133-2	10.8.70	30.9.70	25 000	Bahnbetriebswerk Lübeck	30.9.70	278 000	
221 112-6	26.10.70	4. März 1971	63 000	Bw Lübeck	4. März 1971	341 000	
221 101-9	26.4.71	28.5.71	10 000	Bw Villingen	28.5.71	351 000	
221 143-1	9.7.71	19.1.72	82 000		19.1.72	433 000	H2
221 101-9	11.2.72	27.12.72	206 000	Bw Villingen	27.12.72	206 000	
221 127-4	6.2.73	2.1.74	198 000	Bw Villingen	2.1.74	404 000	H2
221 130-8	27.2.74	15.11.74	137 000	Bw Lübeck	15.11.74	137 000	
221 101-2	14.1.75	13.1.76	163 000	Bw Lübeck	13.1.76	300 000	
221 125-8	15.3.76	18.7.77	221 000	AW Nürnberg	18.7.77	521 001	H2
221 112-6	9.9.77	13.7.78	105 000	AW Nürnberg	13.7.78	105 000	
221 113-4	24.10.78	13.3.80	260 000	AW Nürnberg	13.3.80	365 000	
221 121-7	15.10.80	26.2.81	21 000	AW Nürnberg	26.2.81	386 000	
221 121-7	14.7.81	4.9.85	235 000	Bw Oberhausen 1 Ast Gels.-Bismarck	4.9.85	621 000	
221 125-8	12.12.85						

962104 Verwendung des Drehgestelles A 4 h 5 b 80 München XI 61 4000 A 118

Verwendungsnachweis des Drehgestells 751 1030. *Abbildung: Auszug aus Betriebsbuch der 221 125*

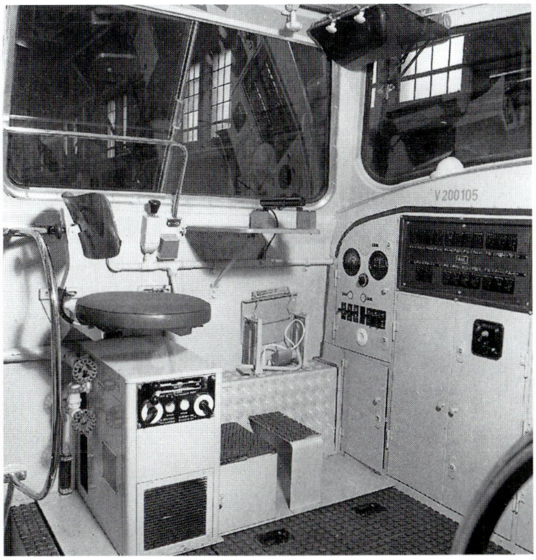
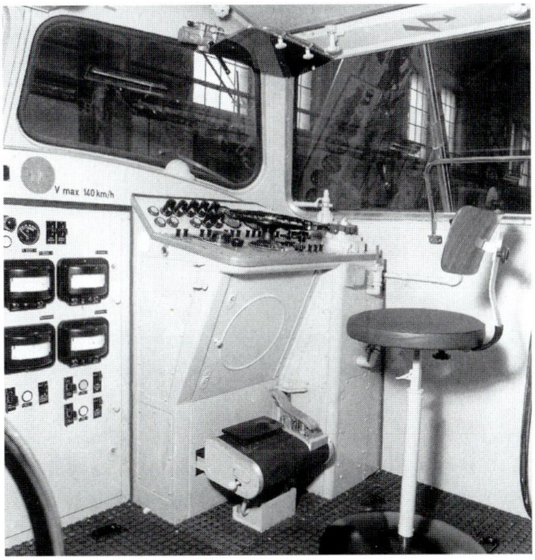

Führerstandsansichten der fabrikneuen V 200 105: rechts die Lokführer-, links die Beimannseite. Die Stange vor dem Schiebefenster gab es ursprünglich bei allen Loks, sie wurde aber schon bald entfernt. *Werkfotos: Krauss-Maffei*

art WS ersetzt. Bei dieser war es nicht mehr möglich, die Lokbremse manuell zu lösen. Dies bereitete vor allem auf den Gefällestrecken des Schwarzwaldes große Probleme: In Hornberg am Fuß der Rampe kamen die Loks oft mit glühenden Radreifen zum Stehen, die sich durch die Hitze lockerten. Manchmal fingen sogar Teile der Lok zu brennen an.

Führerstand

Bei den Führerständen der V 200.1 wurde auf eine zeitgemäße Ausstattung und eine gute räumliche Anordnung Wert gelegt. In der Planung wurde deshalb ein 1:1 Modell gebaut, an dem verschiedene Anordnungen ausprobiert werden konnten.

Insgesamt erscheinen die Führerstände sehr geräumig, unter anderem bedingt durch die darunter liegenden Getriebe, deren Ausbau durch den Führerstand und das Dach vorgenommen werden sollte.

Rechts vorne befindet sich ein Führerpult. Es ist eine Weiterentwicklung gegenüber der V 200.0, die sich an der V 160 orientiert. Die Steuerkurbel ist durch ein Fahrstufen-Schaltrad ersetzt worden, die Bedienelemente zeckmäßiger und übersichtlicher angeordnet. Neben dem Führerpult, in der Stirnwand, befindet sich ein E-Geräteschrank, an dessen Außenseite Anzeigegeräte, Meßüberwacher, Leuchtmelder, Schalter und Taster angebracht sind, die bei ordnungsgemäßer Funktion während der Fahrt nicht überwacht oder bedient werden müssen.

Schiebefenster, Griffstangen sollen bequemer als bei der V 200.0 ausgefallen sein, so steht es in einer Beschreibung von 1963 zu lesen. Die Stangen vor den Schiebefenstern jedenfalls wurden nicht sehr geliebt und bald wieder entfernt. Zum (bescheidenen) Komfort für den Lokführer trugen eine höhenverstellbare Fußraste und ein höhenverstellbarer Fußkontakt für die Sifa bei. An Stelle der fest angebrachten Sitze der V 200.0 wurden verschiebbare Stühle verwendet, ein Vorteil bei Rangierfahrten und für große Lokomotivführer. Wie die Führerstandsaufnahmen zeigen, zeichnet er sich nicht durch besonderen Komfort aus. Dieser Einheitsführerstuhl mit Holzlehne wurde erst in den 70er Jahren durch bequemere, federnde Bremshey-Sitze ersetzt.

Der Platz des Beimanns, ein wie bei der V 200.0 fest an der Führerstandswand installierter Sitz mit einem beleuchteten Schreibbrett, wurde nicht verändert.

Ein Heiz- und Lüftungsgerät dient zur Belüftung des Führerstandes. Weiterhin gehören Druckluftscheibenwischer, Scheibenwaschanlage und zwei Sonnenblenden zur besseren Sicht sowie Feuerlöscher zur Ausrüstung.

Im Führerstand 1 sind ein Kleiderschrank und ein Werkzeugkasten, im Führerstand 2 Indusi und Sifa-Geräte installiert. Nachträglich wurde ein Thermofach an den Rückwand des Führerstand 1 eingebaut.

Motor

Aufbau

Im Gegensatz zur V 200.0 war für die V 200.1 nur ein Motortyp vorgesehen. Diese Maschine blieb über die ganze Einsatzzeit im wesentlichen unverändert. Es handelt sich um den Daimler-Benz-Motor MB 835, wie er auch in der Baureihe V 100.20 Verwendung fand. Es ist ein Motor, der nicht aus den V 200.0-Motoren MD 650 und MB 820 Bb weiterentwickelt wurde, denn hier waren die Konstruktionsgrenzen erreicht. Vielmehr ist er aus dem MB 839 abgeleitet, einem 16-Zylinder-V-Motor, der in der V 320 und die Serien-V 160 eingebaut wurde. Aus ihm entstand für die V 200.1 und V 100.20 eine 12-Zylinder-Variante, die die Bezeichnung MB 835 Ab erhielt. Die Gebrauchsdauerleistung dieses Motors liegt bei 993 kW (1350 PS). Die UIC-Nennleistung nach Merkblatt 623 beträgt 1045 kW (1400 PS), die UIC-Höchstleistung 1092 kW (1540 PS). Ab Werk war die Motorleistung des MB 835 Ab auf 934 kW (1270 PS) eingestellt.

Einer der von Daimler-Benz entwickelten, aber von der Motoren- und Turbinenunion Friedrichshafen (MTU) gelieferten Motoren MB 835 Ab wurde 1960 in eine V 100.20 eingebaut, ab 1962 erhielten ihn die Serienmaschinen dieser Baureihe. Dadurch stand für die V 200.1 ein schon erprobter Motor zur Verfügung. Die Bezeichnung MB 835 Ab schlüsselt sich wie folgt auf: »MB« gibt den Hersteller Mercedes-Benz an, 8 ist die Kennziffer für Großdieselmotor, 35 ist die Motorkennziffer und Ab bedeutet, daß es sich um einen Motor mit Abgasturbolader handelt. Der Motor erhielt in den 60er Jahren die Bezeichnung MB 12 V 652 TA/TZ – also ein von Mercedes-Benz entwickelter 12-Zylinder-Motor mit einem Hubraum von 6520 cm³ je Zylinder mit (TA) oder ohne (TZ) Kolbenölkühlung.

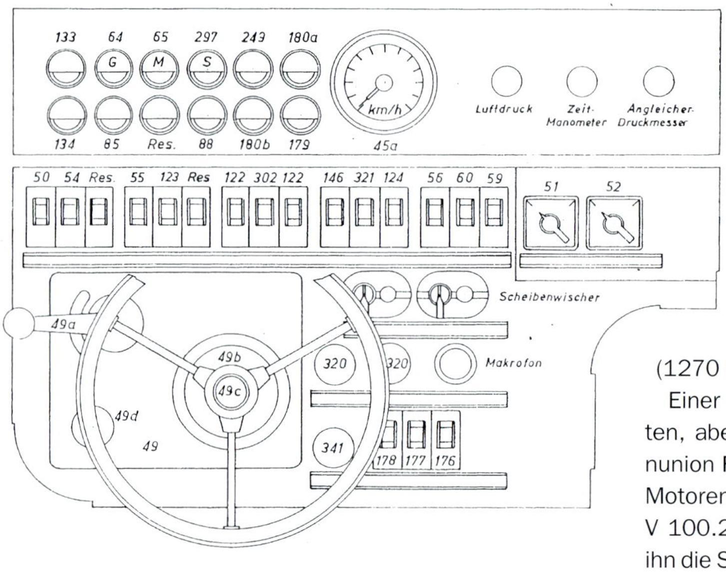

45a Geschwindigkeitsmesser
49 Fahrschalter
49a Richtungswalze
49b Fahrwalze
49c Schnell- aus - Druckknopf
49d Taster für Sifa
50 Kippschalter Leistung
51 Anlaß - Abstell - Schalter Anlage I
52 Anlaß - Abstell - Schalter Anlage II
54 Kippschalter Luftpresser
55 ~~Kippschalter 1 Gang Freigabe~~
56 Kippschalter Scheibenklaranlage
59 Kipptaster Sanden
60 Kipptaster Klingel
64 Leuchtmelder Getriebe (G)
65 Leuchtmelder Motor (M)
85 Leuchtmelder Wendeschaltung
88 Leuchtmelder Schleuderschutz
122 Kippschalter Signalleuchte
123 Kippschalter Abblenden Signalleuchten
124 Kippschalter Instrumentenbeleuchtung
133 Leuchtmelder ↑
134 Leuchtmelder ↓
146 Kippschalter Licht Führerraum
176 Kipptaster Indusi wachsam
177 Kipptaster Indusi frei
178 Kippschalter Indusi Befehl
179 Leuchtmelder Indusi gelb
180a Leuchtmelder Indusi blau 95 km/h
180b Leuchtmelder Indusi blau 65 km/h
249 Leuchtmelder Hohe Abremsung
297 Leuchtmelder Sifa
302 Kippschalter obere Signalleuchte
320 Drehwiderstand für Instrumentenbeleuchtung
321 Kippschalter Fahrplanbuchleuchte
341 Drehwiderstand für Fahrplanbuchleuchte

Die E-Geräte auf den Führerpulten.

Abbildung: Sammlung Frank Larsen

Ein Modell des MB 835 mit Abgas-Turbolader. Die Abgas- und Luftführung entspricht allerdings nicht der Baureihe V 200.1. *Werkfoto: MTU*

Der MB 12 V 652 ist ein wassergekühlter, aufgeladener Viertakt-12-Zylindermotor. Die Zylinder sind in V-Form unter 45 Grad angeordnet. Der Motor arbeitet nach dem Vorkammerverfahren mit einem Einspritzdruck von 140-145 bar. Die Zylinderbohrung beträgt 190 mm, der Hub 230 mm. Das Gesamthubvollumen umfaßt 78,25 Liter, der mittlere effektive Arbeitsdruck beträgt 10,35 bar. Zylinderblock und Kurbelgehäuse-Oberteil sind in einem Stück in Grauguß ausgeführt. Das Kurbelgehäuse enthält sieben Gleitlager für die Kurbelwelle. Die 12 aus Grauguß bestehenden Einzelzylinderköpfe sind aufgesetzt. Jeder Zylinderkopf enthält zwei Ein- und zwei Auslaßventile, in der Mitte ist die Vorkammer angeordnet. Das Gehäuse wird nach unten von einer Ölwanne aus Leichtmetall abgeschlossen. Die Kurbelwelle ist hohlgebohrt und siebenfach in Gleitlagern gelagert.

In den V 200 101 – 120 wurden zunächst Motoren ohne, in den V 200 121 – 150 mit Kolbenölkühlung installiert. Im Rahmen von Motorwechseln änderte sich dies im Laufe der Betriebszeit. Bei Motoren ohne Kolbenölkühlung wird Schmieröl aus der Ölwanne zu den Kurbelwellenlagern und zum 16-Stellungsgerät gepumpt. Die Kolben und Kolbenbolzen erhalten lediglich Spritzöl. Bei der Kolbenölkühlung wird zusätzlich durch eine weitere Pumpe über zwei Spritzdüsen je Kolben Öl in die zugehörigen Bohrungen am Kolbenschaft gespritzt, die in den Hohlraum unter dem Kolbenboden führen. Dadurch wird der Kolben gekühlt, bevor das Öl wieder in die Ölwanne zurückfließt.

In den Motoren mit Kolbenölkühlung wurden gebaute Leichtmetallkolben verwendet, ansonsten geschmiedete Leichtmetallkolben. Sie haben drei Verdichter- und zwei Ölabstreifringe. Die Laufbuchsen waren, um der Belastung des Zünddrucks gewachsen zu sein, mit einem breiten oberen Flansch auf dem Motorgehäuse aufgelegt. Diese einteiligen Flanschbuchsen wurden schon nach kurzer Zeit durch zweiteilige Bundbuchsen ersetzt. Die Ventilsteuerung geschieht über zwei außenliegende

Nockenwellen, Stoßstangen und Kipphebel. Dadurch lassen sich die Zylinderköpfe sehr einfach ausbauen. Die Sitzflächen der Ventile sind gepanzert, die Auslaßventile wurden durch eine Salzfüllung gekühlt. Die Stößel stehen entweder flach (Flachstößel) oder auf einer Rolle gelagert (Rollenstößel) auf der Nockenwelle auf.

In den ersten Betriebsjahren gab es durch Motorschäden immer wieder Ausfälle. Die geschmiedeten, also einteiligen Kolben, neigten in Verbindung mit nicht geeigneten Kolbenringen zu Verformungen und verursachten Kolbenfresser. Auch die Flanschbuchsen zeigten sich den Belastungen nicht gewachsen und brachen an den Auskragungen, wodurch Kühlwasser in die Zylinder eindrang. Die Flanschbuchsen wurden daraufhin durch geteilte Buchsen ersetzt.

Zur Kraftstoffeinspritzung gab es je Motor eine Bosch-Einspritzpumpe PE 6 ZWM 160/400/3 LS 108/8, eine gegenüber der V 200.0 in ihrer Lebensdauer verbesserte Ausführung. Zwei dieser Pumpen sind je Motor vorhanden. Sie bestehen aus Pumpengehäuse, Nockenwelle, sechs Pumpenelementen, sechs Druckventilen, Regelstange und Ölzulaufventil.

Steuerung

Die Regelung des Motors erfolgt mittels Füllungs- oder Drehzahlregler. Um eine einheitliche Ausrüstung mit der Baureihe V 100 bemüht, wählte man für die Baureihe V 200.1 eine Steuerung per Füllungsregler. Bei der V 100 können wegen des Getriebes mit Kupplungsgang nur diese Regler verwendet werden. Der Nachteil dieser Reglerart ist, daß der Motor in Schaltpausen hochdreht. Daher wurden die Motoren der Baureihe V 200.1 nachträglich auf Drehzahlregler umgerüstet.

Alternativ können ein von Daimler-Benz entwickelter Motorregler oder der Regler R 32 von MTU verwendet werden. Im unteren und oberen Drehzahlbereich fungieren sie als Drehzahlregler. Im Zwischenbereich wird nur die Füllung gesteuert. Der Grenzbereich ist einstellbar. Beim Ausfall der Steuerung kann per Notbetätigungshebel stufenlos vor Ort gesteuert werden. Als Drehzahlregler steht der R 32p von MTU zur Verfügung. Hier wird die Kraftstoffzufuhr so geregelt, daß die voreingestellte Drehzahl konstant gehalten wird. Die Motoren werden einzeln gestartet, wobei aus akustischen Gründen der jeweils hintere Motor zuerst angelassen wird.

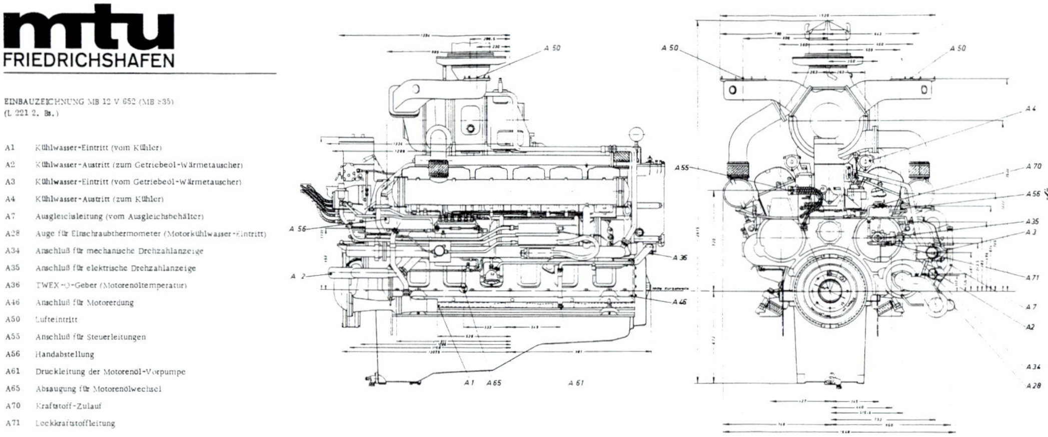

Bauzeichnung des MB 835, wie er zunächst in die 2. Bauserie installiert wurde. *Abbildung: MTU*

Die Leistung wird an einem 15-stufigen Handrad gesteuert. In Fahrschalterstellung 1 erzielt man die kleinste Leistungseinstellung: der Motor läuft mit Leerlaufdrehzahl (620 U/min), nur das dem Führerpult nächstgelegene Getriebe erhält den Anfahrauftrag. Damit können sehr niedrige Geschwindigkeiten, z.B. beim Heranfahren der Lok an einen Zug, gefahren werden. Reicht die Zugkraft in Stellung 1 nicht aus, so ist zuerst auf Stellung 2 zu schalten (beide Getriebe erhalten den Anfahrauftrag) und nachdem sich die Lok in Bewegung setzt, zurückzuschalten. Beim Anfahren vor einem Zug muß erst in Fahrstufe 2 geschaltet werden und, nachdem die Turbinenräder eingerückt sind, auf Stellung 7 weitergeschaltet werden. Von da an kann entsprechend den Bedürfnissen weitergeschaltet werden.

Um Zerrungen im Zug zu vermeiden und die mechanische Beanspruchung gering zu halten, sollte vor dem Erreichen des Schaltpunktes zwischen erstem und zweitem Gang, bei etwa 30 bis 35 km/h, die Leistung von Stufe 15 auf 10 zurückgenommen werden, um nach dem Gangwechsel wieder aufzuschalten. Diese Anmerkung wurde in die DV 987/317/I (Bedienungsanweisung für die V 200.1) aufgenommen, nachdem infolge der hohen mechanischen Beanspruchung bei Fahrten mit schweren Zügen auf steigungsreichen Strecken bei Fahrstufe 15 und häufigem Wechsel zwischen Gang I und II vermehrt Getriebeschäden aufgetreten waren.

Aufladung

Am Motor ist eine einstufige Axial-Abgasturbine Typ VTR 250 UZ 4S330 lifh108 WE von BBC angebracht, die ihn über ein mit ihm gekoppeltes Radialgebläse auflädt, indem Luft von außen angesaugt wird.

Abgasschalldämpfer

Die erste Serie der Baureihe V 200.1 wurde ohne Abgasschalldämpfer ausgeliefert. Bei ihr verließen die Abgase nach dem Austritt aus dem Turbolader die Maschine durch einen Abgasschacht mit Regenklappe und -fangschale. Gründe für das Fehlen eines Abgasschalldämpfers waren damals, daß der Raum über dem Motor fehlte und der Schalldämpfer außerdem ein Mehrgewicht verursacht hätte. Bei der zweiten Serie wurde dann doch ein Schalldämpfer installiert, der sehr flach ausgeführt war. V 200 103 und 108 wurden als einzige Loks der ersten Serie mit einem Schalldämpfer nachgerüstet.

Schmierung

Die Schmierung des Motors erfolgt bei allen Typen durch den sogenannten »Umlauföl-Kreislauf«: Das Motoröl wird aus der Ölwanne angesaugt und läuft über ein Rückschlagventil zum Motoröl-Wärmetauscher an der rechten Motorseite. Über den Motorölfilter gelangt es in den Hauptölkanal des Motors und von diesem zu der Kurbelwelle, den Nockenwellen, dem Rädertrieb, dem Motoröl-Druckwächter sowie zum Motorregler und 16-Stellungsgerät. Um vor dem Anlassen des Motors einen Öldruck aufzubauen, besteht ein Vorpumpöl-Kreislauf. Eine Elektropumpe saugt hier das Öl aus der Ölwanne und drückt es in den Ölkreislauf. Bei abgestellter Lok, bei der das Kühlwasser warmgehalten wird, wälzt eine Elektropumpe das Motoröl um, um eine gleichbleibende Öltemperatur im Motor zu gewährleisten. Bei Motoren mit Kolbenölkühlung saugt eine Kolbenkühlölpumpe das Öl durch ein Sieb aus der Ölwanne an und fördert es über ein Verbindungsrohr in den zweiten Hauptölkanal, von wo es zu Spritzdüsenträgern geführt wird.

Kraftstoffanlage

Die Kraftstoffanlage entspricht der der Lokomotiven der Baureihen V 100 und V 160. Der Kraftstoff wird von einer Elektropumpe aus den drei Kraftstofftanks durch einen Spaltfilter in die beiden jeweils 100 l fassenden Betriebstanks gepumpt, von denen aus der Kraftstoff über einen Doppelfilter zu den Einspritzdüsen des Motors geleitet wird. Überschüssiger Kraftstoff wird wieder in die Kraftstoffbehälter rückgeführt.

Die jeweils 1000 l fassenden Treibstofftanks sind untereinander verbunden und in Leichtbauweise ausgeführt. Die Betriebsbehälter stehen un-

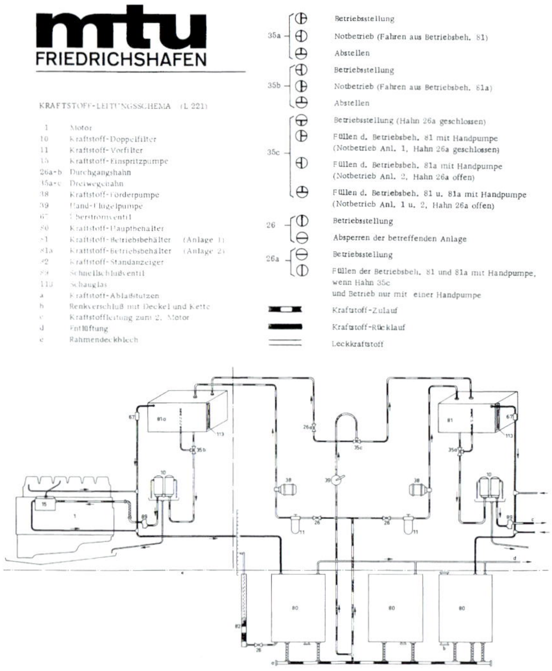

Das Kraftstoff-Leitungsschema. *Abbildung: MTU*

ter Druck. Sie können durch das Öffnen eines Absperrhahns untereinander verbunden werden, sodaß bei Ausfall einer Kraftstofförderpumpe die der anderen Anlage beide Maschinen versorgen kann. Bei Ausfall beider Pumpen können die Betriebsbehälter durch eine Handflügelpumpe nachgefüllt werden. Durch ein Schnellschlußventil kann im Notfall die Kraftstoffzufuhr zum Motor unterbrochen werden.

Kühlanlage

Für jede der beiden Maschinenanlagen existiert je eine Kühlanlage. Die folgenden Angaben beziehen sich auf jeweils eine Anlage.

Die Kühlanlagen unterlagen bereits bei der V 200.0 einer Weiterentwicklung: Bei den fünf Vorserien-V 200.0 verwendete man analog zur V 80 eine Zweikreiskühlanlage. Acht Kühlerblöcke, über denen ein 1120 mm großer Lüfter für die Frischluftzufuhr sorgte, kühlten den Hauptkreislauf für Motor- und Getriebeölkühlung. Die übrigen Kühlerblöcke mit einem 500 mm großer Lüfter kühlen das Wasser des Motorschmierölwärmetauschers in einem separaten Kreislauf. Elektromotoren trieben bei der Vorserien-V 200.0 die Lüfter an. Das große Lüfterrad dreht sich mit maximal 1660 U/min, das Kleine mit maximal 3320 U/min.

Die mit 1810 kg Masse relativ schweren Kühlanlagen dieser fünf Loks waren für höchste Außentemperaturen von 30 Grad C ausgelegt. Die höchste Kühlwassertemperatur lag bei 88 °C.

Für die Serien-V 200.0 wurde die Kühlanlage verbessert. Es waren höhere Wärmemengen abzuführen, da die Wärmemenge von 2,68 GJ pro Stunde auf 3,11 GJ anstieg. Man wählte eine Einkreisanlage, da die Kühlfäche des Nebenkreislaufs der Zweikreisanlage nur schlecht ausgenutzt wurde. Statt eines großen und eines kleinen Lüfters installierte man zwei hydrostatisch angetriebene Lüfter mit 900 mm Durchmesser. Die Drehzahl der Lüfterräder wurde auf 1520 U/min herabgesetzt. Bei gleichen Einbauabmessungen wurde durch diese Änderungen bei der Serien-V 200.0 eine größere Leistung der Kühlergruppe erreicht: Die Außentemperatur konnte nun 35 °C betragen und es wurde dennoch eine noch günstigere Betriebstemperatur von 85 °C erreicht. Die Masse der Kühlanlage konnte bei höherer Leistung durch den Verzicht auf die schweren Elektromotoren und die Verwendung des hydrostatischen Lüfterantriebs sogar um 355 kg gesenkt werden.

Bei der V 200.1 waren 4,1 GJ Wärme pro Stunde abzuführen. Bei einer Außentemperatur von ebenfalls 35 °C sollte die höchste Kühlwassertemperatur wie bei der Serien-V 200.0 85 °C nicht überschreiten.

Es blieb bei der Einkreisanlage, aber die Möglichkeiten waren erschöpft, die Kühlleistung ohne Erhöhung der Kühlfläche zu steigern. Man mußte sich aus Platzgünden für eine andere Anordnung der nunmehr 1050 mm hohen Kühelemente entscheiden.

Die aus 2 x 10 Teilblockelementen bestehenden Kühlflächen wurden daher schräg installiert. Bei der V 200.0 waren die Kühlelemente nur 950 mm hoch und standen senkrecht. Die Kühlwasserrohre haben

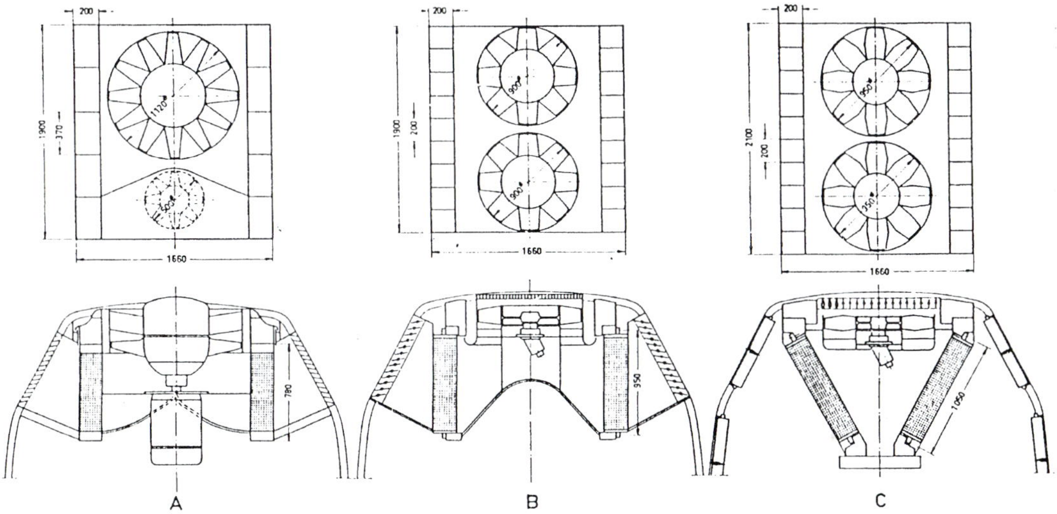

Die Fortentwicklung der Einheitskühlergruppe:

A) V 200 001-005 Vorauslokomotiven, Zweikreisanlage, geschlossene Luftführung, elektrischer Lüfterantrieb mit hydr. Regelkupplung, feste Lufteintrittsjalousien

B) V 200.0 Serienlokomotive, Einkreisanlage, geschlossene Luftführung, hydrostatischer Lüfterantrieb, automatisch betätigte Lüfterjalousien, Gitterrost im Luftaustritt

C) V 200.1 Einkreisanlage, offene Luftführung, hydrostatischer Lüfterantrieb, automatisch betätigte Lüfterjalousien auch im Luftaustritt.

Abbildung: Krauss-Maffei

bei der V 200.1 einen Durchmesser von 106 mm, pro Stunde laufen 84 Kubikmeter Wasser durch.

Im Gegensatz zur geschlossenen Luftführung der V 200.0, bei der die Luft über Jalousien im Dachbereich angesaugt wurde, erhielt die V 200.1 eine offene Luftführung, bei der die Luft direkt aus dem Maschinenraum angesaugt wird. Die großen Fenster in den Seitenwänden mußten aus diesem Grund entfallen, Neben den Eintrittsjalousien im Dachbereich erhielt die V 200.1 weitere in den Seitenwänden. Die Kühlerjalousien wurden mit Hilfe von Öldruckzylindern verstellt. Ein zu schnelles Auskühlen und das Eindringen von Regenwasser verhinderte man durch die Verwendung von Luftaustrittsjalousien über den Lüfterrädern anstelle von Gittern.

Die V 200.1 der zweiten Serie und die mit Abgasschalldämpfer nachgerüsteten Loks der ersten Serie besaßen zusätzlich je Maschinenraum zwei Maschinenraumlüfter im Dach.

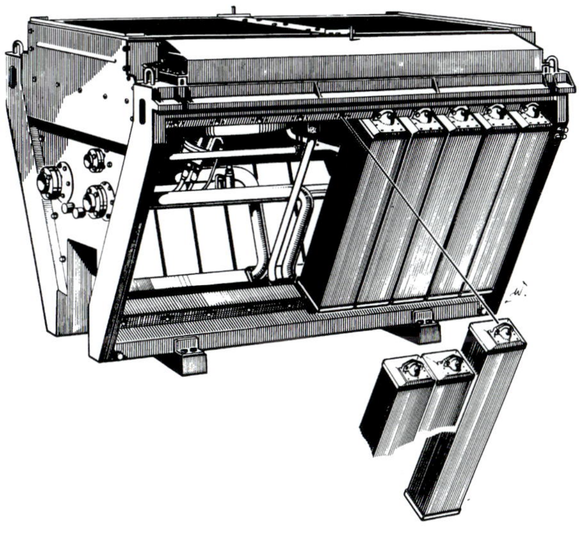

Aufbau der Kühlergruppe bei herausgenommenen Kühlerelementen. *Abbildung: Fa. Behr*

Das Vorwärmen und Warmhalten der Maschinenanlage ist bei abgeschaltetem Motor durch einen Wärmetauscher möglich, der mit der Dampfheizung verbunden ist. Eine Elektropumpe wälzt das Kühlwasser im Vorwärm- und Warmhaltebetrieb im Nebenkreislauf des Vorheizwärmetauschers um. Nach starker Motorbelastung wird durch die Umwälzpumpe ein weiterer Kühlwasserstrom erzeugt, der einen Wärmestau verhindert.

Getriebe

Typ

Das Getriebe K 184 U (das K steht für »Klauengeschaltet«, 184 gibt mit 10 multipliziert die Konstruktionsleistung in PS an und das U steht für »unteren Abtrieb«) besteht aus einem hydraulischen Strömungswandler (Pumpenrad, Turbinenrad und Leitrad), dessen Turbinenrad ausgerückt werden kann, wodurch die Drehmomentübertragung unterbrochen wird. Diese Trennung erfolgt während der Schaltvorgänge. Das K 184 ist eine Weiterentwicklung des Maybach-Mekydro-Getriebes K 104 der V 200.0. Die wesentlichen Änderungen bezogen sich auf leistungs- und drehmomentsteigernde Faktoren. Geändert wurden die elastische Kupplung, die Gelenkwellen sowie der Antrieb von Lichtanlaßmaschine und Lüfterpumpe.

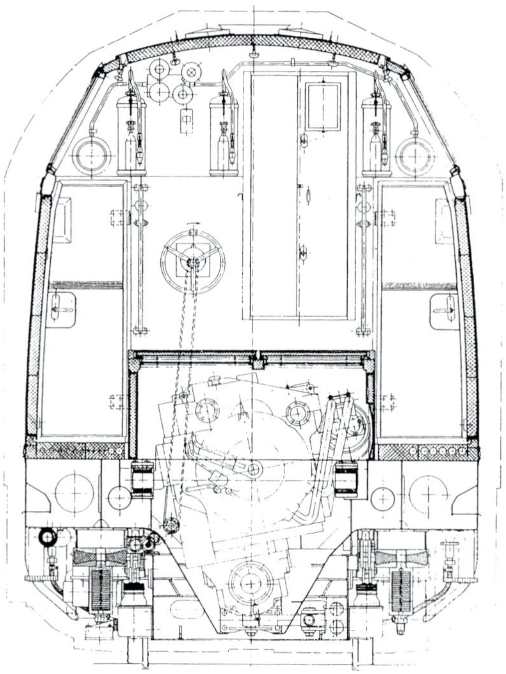

Schnitt durch die V 200.1 in Drehgestellmitte: Sehr gut sichtbar die Lage eines der Getriebe und die Position gegenüber dem Drehgestell. *Abbildung: Krauss-Maffei*

Bei der Auswahl dieses Getriebes gab wiederum die Masse den Ausschlag. Das viergängige Maybach-Mekydro-Getriebe K 184 U versprach mit 860 kg gegenüber dem LT 306 r in der neuen Leistungsstufe die geringste Massezunahme. Mit dem Maybachgetriebe war das Einhalten der geforderten Achsfahrmasse möglich, gleichzeitig war damit die Grundlage für spätere, geplante Leistungssteigerungen gegeben. Die große Gangzahl des Getriebes erlaubte eine hohe Zugkraft in großen Geschwindigkeitsbereichen, so daß eine niedrige zulässige Dauergeschwindigkeit unter Vollast und eine ausreichende Zugkraft oberhalb von 120 km/h zu erwarten war. Die totale Zugkraftunterbrechung beim Schalten des hydromechanischen Getriebes wurde wegen der Zweimotorenanlage in Kauf genommen; die Schaltvorgänge dauerten rund vier Sekunden.

Das Getriebe ist im Fahrzeugrahmen vierfach elastisch gelagert und wird durch Thermofühler überwacht.

Die Kraftübertragungsanlage der V 200.1 besteht je Maschinenanlage aus folgenden Elementen:

1) Maybach-Schwingmetallkupplung SMK 700 für ein maximales Drehmoment von 6850 Nm auf der Schwungradseite des Motors. Diese 78 kg wiegende Kupplung dämpft Schwingungen und gleicht Höhendifferenzen aus.
2) Gelenkwelle zwischen Motor und Getriebe für ein maximales Drehmoment von 23540 Nm (Masse 123 kg);
3) Maybach-Mekydro-Getriebe K 184 U (Masse 8360 kg);

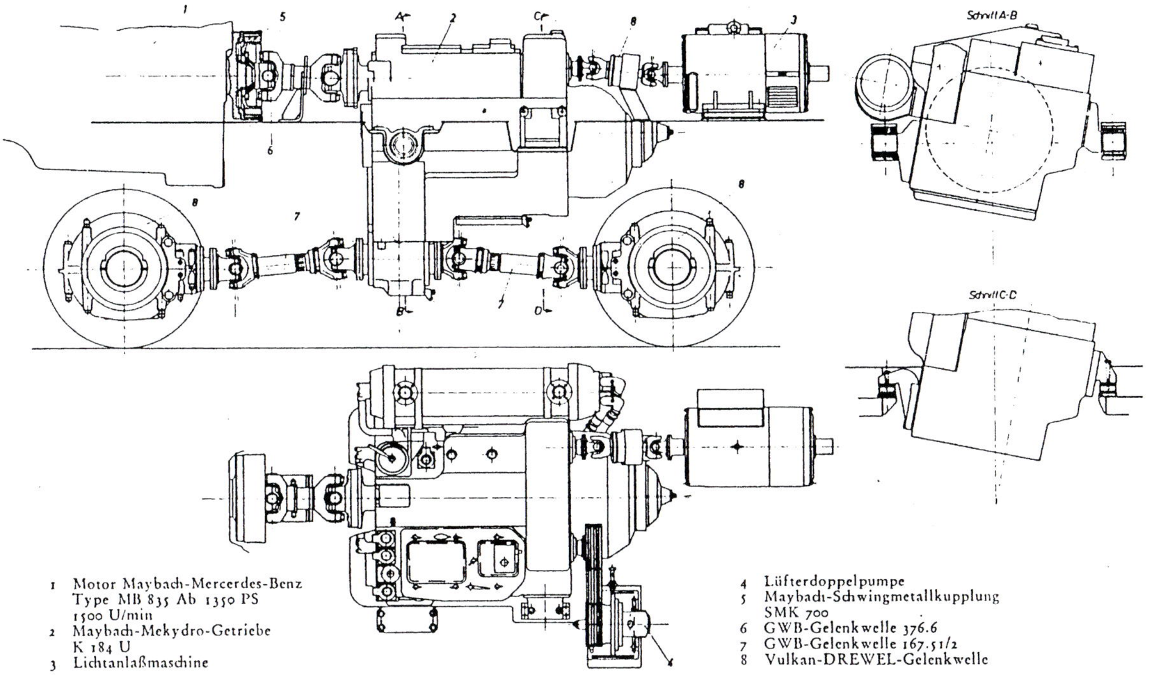

Die Kraftübertragungsanlage der V 200.1. *Abbildung: Maybach*

4) Zwei Gelenkwellen zwischen dem Getriebe und den Achstrieben für ein Drehmoment von 16870 Nm (Masse je 90 kg);
5) Zwei einstufige Achstriebe Maybach C 34 mit Kegelradgetriebe für 15.700 Nm (Masse je 1,09 t)
6) Drehwell-Gelenkverbindung zwischen Getriebe und Lichtanlassmaschine, eine drehelastische Gelenkwelle (4120 Nm, 37 kg)

Das Einschalten der Gänge geschieht durch das Kuppeln von Klauenpaaren. Solange die Klauen der beteiligten Zahnräder nicht gleich schnell laufen, weisen sie sich ab. Ein Gleichlauf wird durch eine beim Ausrücken des Turbinenrads wirksam werdende Rückwärtsbeschaufelung, die auf die Teile im Sekundärkreislauf eine Bremswirkung ausübt, erreicht. Durch Beschleunigungsschaltungen können die Schaltklauen der Zahnräder auch auf die höhere Umdrehungszahl der Gegenklauen gebracht werden. Das viergängige Wechselgetriebe arbeitet mit drei ständig im Eingriff befindlichen, schräg verzahnten Zahnradpaaren. Drei weitere Zahnräder bilden den Wendeteil.

Die Schaltung der Gänge erfolgt vollautomatisch durch Öldruck, wobei ein Getrieberegler in Abhängigkeit von der Motordrehzahl und der Abtriebswellendrehzahl Impulse abgibt. Die Wendeschaltung wird durch Hubmagnete und öldruckbeaufschlagte Wendeschaltzylinder eingestellt. Die Wendeschaltung kann nur beim Fahrzeugstillstand betätigt werden.

Um die Zahl der Zugkraftunterbrechungen beim Anfahren zu vermindern, sollte die V 200.1 ursprünglich im 2. Gang des Mekydro-Getriebes angefahren werden. Für schwere Anfahrten sollte über den Kipptaster »1. Gang Freigabe« der erste Gang freigegeben werden. Diese Einrichtung existierte nur bei V 200 101 – 105 und wurde schon bald entfernt.

Das Mekydro-Getriebe K 184 vom Hilfsantrieb aus gesehen: Vorne die Lichtanlaßmaschine, Links die über Keilriemen angetriebene Lüfterpumpe. Rechts der Wärmetauscher, hinten die Antriebsgelenkwelle. *Werkfoto: Krauss-Maffei*

Der Wirkungsgrad des Getriebes lag bei Geschwindigkeiten von etwa 20 – 140 km/h bei 80 bis 83 Prozent, wobei der niedrige Wert vor und nach Schaltvorgängen auftritt.

Am Getriebe befindet sich auf der dem Steuerblock entgegengesetzten Seite der Wärmetauscher. Da der Getriebeabtrieb gegenüber der V 200.0 um 135 mm tiefer gelegt ist, konnten die Gelenkwellen vom Getriebe zu den Achsgetrieben schwächer geneigt werden. Von jedem der beiden Getriebe wird mittels eines primärseitigen Nebenabtriebs die hydrostatische Pumpe für den Lüfterantrieb über Keilriemen angetrieben. Ein zweiter Nebenabtrieb ist über die Drewell-Gelenkwelle mit der in den Vorbau ragenden Lichtanlaßmaschine verbunden.

Im Gegensatz zur V 200.0 bewährte sich das Mekydro-Getriebe der V 200.1 im Betrieb gut. Ausschlaggebend waren neben Verbesserungen in der Konstruktion wohl, daß die Eingangsleistung im Verhältnis zur Motorleistung großzügiger bemessen war und die kritschen Schaltpunkte nicht so ins Gewicht fielen. Zu ernsthaften Problemen kam es nur bei Talfahrten, wenn die Wandlerkupplung nicht vollständig entleerte und sich das verbliebene Öl aufheizte.

Erfahrene Berglokfüher fuhren dann mit gefüllten Getrieben und nahmen dafür in Kauf, auch den Antrieb mit abbremsen zu müssen. Nach Aussagen von Werkstattmitarbeitern waren Schäden jedoch hauptsächlich auf Wartungs- und Bedienungsfehler zurückzuführen.

Da die unter dem Führerstandsboden liegenden Getriebe einen wesentlichen Teil zur Geräuschentwicklung beitrugen, versuchte man wenigstens teilweise Abhilfe zu schaffen:

München 7. Mai 1965

Deutsche Bundesbahn
Bundesbahn-Zentralamt
Arnulfstr 19
München

966/6262
39.3910 Flmg 200/K

An die
BD Augsburg

Betreff
Mekydro-Getriebe K 184 U für DL V 2001
hier: Geräuschminderung

Dem Bw Kempten wurde das Getriebe K 184 U Nr. 13 066 vom AW Nürnberg zugesandt, bei dem Hochtriebszahnräder mit geänderten Zähnezahlen eingesetzt sind. Unter einer Reihe von Massnahmen erwies sich die Erhöhung der Zähnezahlen am Hochtrieb als befriedigend wirksame Abhilfe gegen das hochfrequente, bei den einzelnen Getrieben mehr oder weniger auftretende Zahnradgeräusch. Um ihre Auswirkung auf den Geräuschpegel im Führerstand feststellen zu können, bitten wir, das genannte Getriebe bei nächster Gelegenheit in eine hinsichtlich Schalldämmung unveränderte V 200[1] der ersten Bauserie einbauen und uns davon unterrichten zu lassen.

gez.

Deutsche Bundesbahn
Bahnbetriebswerk
Kempten/Allgäu
V/C/Flm (200[1])

Kempten, den 17.10.1963

Durch MA Kempten
an BD Augsburg

Betreff
Betriebsunregelmäßigkeit durch Schaden an der Lok V200 107

Am 20.9.63 erhielt D 96 etwa 200 m hinter dem Ausfahrsignal des Bf Aitrang wegen des Ausfalles der Maschinenanlage I bei DL V 200 107 eine Verspätung von etwa 12 Minuten.
Weiterfahrt bis Lindau erfolgte mit der intakten Anlage II, wobei die angefallene Verspätung restlos eingefahren wurde. Der Betriebsunregelmäßigkeit liegt folgender Sachverhalt zugrunde:

D 96 wurde im Streckenabschnitt Buchloe - Kempten auf der Diesellok V 200 107 vom Bezirksfahrlehrer begleitet.

Nach seinen Angaben verlief die Zugfahrt vom Führerstand 2 der DL aus, soweit dabei feststellbar, bis an die oben angeführte Stelle des Streckenabschnittes ohne erkennbaren Mangel.
Das Wagenzuggewicht betrug knapp 300 t, die Reisegeschwindigkeit vor Einfahrt in den Bf Aitrang in Fahrstufe 12 100 km/h. Hauptlokführer Gruber* des Bw Kempten, der die DL bediente, verringerte im Hinblick auf die lt. Buchfahrplan vorgeschriebene Geschwindigkeitsermäßigung durch Zurücknahme auf Fahrstufe 7 Antriebsleistung und Geschwindigkeit des Zuges auf 75 km/h. Mit dieser Leistungseinstellung durchfuhr Gruber* den geschwindigkeitsbeschränkten Bereich, um anschließend die Motorenleistung durch Aufwärtsschalten des Fahrschalthandrades auf Stufe 12 entsprechend den Erfordernissen der Strecke wieder zu steigern. Während dieses Schaltvorganges machte sich plötzlich in der gesamten Lok eine anormale starke Rüttelbewegung bemerkbar, die in den ersten Sekunden die Vermutung aufkommen ließ, die Lok sei entgleist. Bezirksfahrlehrer Müller* veranlaßte den Lokführer zur sofortigen Einleitung einer Schnellbremsung. Als jedoch nach Wirksamwerden der Bremsung und starker Verzögerung dies Zuges die Rüttelschwingungen in der Lok in ihrer Intensität nicht nachließen, veranlaßte Müller* das sofortige Abstellen beider Maschinenanlagen, erst dann hörten die Rüttelschläge in der Lok schlagartig auf.

Bei der nachfolgenden Lokuntersuchung wurden Ausbrüche an den Tragleisten der Motorbefestigung bei der Anlage I mit einigen abgescherten Befestigungsschrauben hierzu festgestellt. Des weiteren waren die Fangbügel zur Wegbegrenzung er elastischen Motorlagerung teilweise aufgebogen und die Hauptgelenkwellenbefestigung an der Schwungscheibenseite des Motors abgerissen. Der Fangbügel dieser Gelenkwelle war außerdem verbogen.
Die Außenuntersuchung der Lok ergab keinerlei Anhaltspunkte für einen Schaden; die Lok war auch nicht entgleist.

Hierauf wurde die Fahrt mit der betriebstüchtigen Anlage II fortgesetzt, wobei Bezirksfahrlehrer Müller* die Steuerung der Lok selbst übernahm und den Hauptlokführer Gruber* mit der Dauerbeobachtung der Anlage II im Maschinenraum bis Kempten beauftragte. Hier erfolgte dann Personalwechsel.

Nachdem sich während der Fahrt von der Unfallstelle bis Bf Kempten-Hegge keinerlei weiteren Mängel oder Schwierigkeiten eingestellt hatten, beauftragte Müller* den ablösenden Lokführer (Hauptlokführer Kaiser* des Bw Kempten), die Fahrt mit der Schadlok bis zum Zielbahnhof Lindau fortzusetzen. Auch bei dieser Fahrt traten keine zusätzlichen Mängel auf; Lokf. Kaiser* konnte sogar, wie eingangs schon angegeben, die angefallene Gesamtverspätung einfahren.

In der Werkstätte des Bw Kempten wurde die Lok anschließend untersucht. Außer den vom Bezirksfahrlehrer festgestellten Schäden ergab sich noch:

Die Vermutung, daß Blockieren des Getriebes bei einem Schaltvorgang die Ursache des Schadens sei, konnte nicht aufrechterhalten werden. Soweit ohne Zerlegung möglich, konnten Monteure der Fa. Maybach am Getriebe keine Mängel feststellen. Auch der Motor ließ sich mit normalem Kraftaufwand von Hand durchdrehen, sodaß Kolbenfresser oder Blockieren des Triebwerkes ausschieden. Dagegen war die Schwingmetallkupplung, die ein elastisches Glied zwischen Schwungscheibe des Motors und Antriebsgelenkwelle zum Getriebe darstellt, vollständig zerstört. Der Stahlkörper für die Befestigung der Gelenkwelle an der Schwingmetallkupplung war von der Gummimasse losgerissen, die Gummimasse in der Schwungscheibe wies starke Zerstörungen auf.
Wir sind der Ansicht, daß durch den plötzlichen Bruch der Verbindung zwischen Motor und Getriebe unter Last beim Aufschaltvorgang große Kräfte frei wurden und starke Unwuchten entstanden sind, die zu vorbeschriebenen Schäden am Motor geführt haben.

Bei der letzten F2 am 6.9.63 wurde fristgemäß auch die Schwingmetallkupplung untersucht und kein Mangel äußerlich festgestellt.

Wie wir in Erfahrung bringen konnten, sollen schon mehrfach Schäden an den Schwingmetallkupplungen der MB 835 Ab aufgetreten sein.

<Unterschrift unleserlich>

Schreiben des Bw Kempten an die BD Augsburg betreff Betriebsunregelmäßigkeit durch Schaden an der Lok V 200 107. (* Namen geändert).
Abbildung: Sammlung Frank Larsen

Über Ergebnisse dieses Versuchs ist nichts bekannt, nur soviel, daß es eine Panne gegeben haben muß: Nachdem die BD Augsburg das Schreiben des BZA München erst am 4. Juni 1965 ans Bw Kempten weitergeleitet hatte, kam von dort am 9. Juni 1965 eine handschriftliche Mitteilung, daß man das gelieferte Getriebe bereits am 22. Mai 1965 in die Anlage 1 der V 200 108 eingebaut habe, ein anderes habe nicht zur Verfügung gestanden. Dummerweise handelte es sich hier ausgerechnet um in eine der beiden besser schallgedämmten Loks der ersten Serie.

An den Getrieben erfolgten folgende Änderungen:

- Einbau eines Zusatzschiebers in die Steuerung
- Verlegung des Schleuderschutzgenerators an das Getriebe
- Änderungen zur Verminderung von Klauenschäden (Stillstandschieber, Gangwähler, Wendeschaltverriegelung)

Als sehr schadanfällig erwiesen sich die Drehwell-Gelenkwelle und die Schwingmetallkupplung.

Nebenstehendes Dokument beschreibt sehr deutlich, wie sich ein Schaden an der Schwingmetallkupplung unter Last auswirkt. Es beschreibt aber auch den von allen Lokführern, die auf der V 200 Dienst taten, geschätzten Vorteil, bei einer schadhaften Maschinenanlage die Strecke mit eigener Kraft räumen zu können, oder, wie beschrieben, den Zug sogar noch bis zum Ziel zu bringen.

Der Hauptgrund für die Probleme mit den Schwingmetallkupplungen lag in der Wartung. Ursprünglich mußten die elastischen Teile von der Werkstatt bei Fristarbeiten eingefettet werden. Man stellte jedoch fest, daß verharzte Fettrückstände die Gummiteile verhärteten, was schließlich zu Brüchen führte. Daraufhin wurde das Einfetten unterlassen, es gab in der Folge kaum noch Probleme.

Heizanlage

Anstelle des MAN-Rauchröhrenkessels, wie er in der V 200.0 Verwendung fand, wurde der schon in der V 160 bewährte Wasserrohrkessel Vapor-Heating OK 4616, von der Firma Hagenuk in Lizenz gebaut, installiert.

Dieser Kessel hat gegenüber den MAN-Kesseln eine geringere Einbauhöhe, einen niedrigeren Preis und einen geringeren Wasserinhalt. Er ist überdies wesentlich leichter. Er tut noch heute in den Diesellokbaureihen 211, 212 und 216 Dienst. Es handelt sich beim OK 4616 um einen selbstregelnden, ölgefeuerten Zwangsdurchlaufkessel mit konzentrischen Wasserschlangen. Er wird von oben her mit einer Ölflamme, die in der Mitte der Rohrschlangenkreise brennt, beheizt. Das Heizöl wird durch Druckluft aus der Bremsanlage zerstäubt. Der Zündfunke wird über zwei Elektroden gezündet. Der die Heizrohre verlassende Dampf durchströmt einen Wasserabscheider, der auch das Haupt- und Rückschlagventil trägt. Das Speisewasser verdampft nur zu 90 Prozent, die verbleibenden 10 Prozent werden hier abgeschieden und laufen in den Speisewasserbehälter zurück. Die Abgase strömen zwischen den Wasserrohren hindurch nach außen und gelangen in die oberhalb der Brennkammer angebrachte Abgassammelkammer, die sie durch den Kamin verlassen. Kessel und Geräte-

Deutsche Bundesbahn

Verwendung ~~der Brennkraftmaschine~~*) des Getriebes*) **651 3141**

Mekydro ~~Motor~~*) / Getriebe*) -Type K 184 U Nr. ~~13 141~~

Lieferer: Maybach Motorenbau GmbH, Friedrichshafen

geliefert: 25.6. 19 65 auf Vertrag: BZA Mü 31.2373 v. 22.8.1963

abgenommen: ~~23.8.~~ 28.9. 19 65 ; Gewährleistung bis 27. 9. 19 66 ; verwendbar für BR V 200[1]

Sonderangaben zur Gewährleistung:

1	2	3	4	5	6	7
	Einbau		Ausbau		Laufkilometer **)	
in Fahrzeug Nr.	Datum	AW/Bw	Datum	AW/Bw	in diesem Fahrzeug	seit letzter Überholung
200 150	28.9.65	K. M.	18.3.69	Bw Villingen	595 283	595 283
221 147	29.7.69	Bahnbetriebswerk Hamburg-Altona	29.5.70	Bahnbetriebswerk Hamburg-Altona	120 000	120 000
221 141-5	24.9.70	AW Nürnberg	1.1.71	Bw Kempten	55 000	175 000
221 149-8	5.4.71	[illegible]	1.6.73	[illegible]	451 000	626 000
221 129-0	8.8.73	Bahnbetriebswerk Hamburg-Altona	27.8.73	Bahnbetriebswerk Hamburg-Altona	5 000	5 000
221 118-3	10.12.73	AW Nürnberg	10.11.75	Bahnbetriebswerk Hamburg-Altona	336 000	341 000
221 111-8	5/2.76	Bahnbetriebswerk Hamburg-Altona	13.4.76	Bw Lübeck	27 000	368 000
221 102-7	27.7.76	AW Nürnberg	10.11.78	AW Nürnberg	168000	536000
221 112-6	11.6.79	AW Nürnberg	20.5.80	Bw Gels-Bismarck	41000	41000
221 101-9	30.10.80	Bw Gels-Bismarck				

*) Nichtzutreffendes streichen

**) Bei Aggregat-Dieselmotoren mit Zeitfrist-Überwachung ist statt Laufkm nur die nächste Überholung (H 1 od H 2) mit Datum vorzutragen.

Bemerkung: Jeder Untersuchungsabschnitt (H 2-H 2) ist durch einen Querstrich abzuschließen.

993 33 Verwendung der Brennkraftmaschine/des Getriebes A 4 h 4 a 80 München X 63 5000 A 117

In insgesamt 10 verschiedenen Loks der Baureihe V 200.1/221 war das Getriebe Nr. 651 3141 eingebaut. *Abbildung: Auszug aus Betriebsbuch 221 101*

Heizkessel mit geöffnetem Geräteschrank. Die kompakte Ausführung ist hier gut erkennbar. *Foto: Frank Larsen*

schrank bilden eine Einheit. Im Geräteschrank befinden sich unter anderem der Brennermotor und alle Regeleinrichtungen. Die Rohrschlangen müssen einmal täglich vor dem Anfahren des Kessels mit Naßdampf vom Ruß gereinigt werden. Dies übernimmt ein mit dem Wasserabscheider gekoppelter Dampf-Rußbläser.

Vorläufige Betriebsvorschriften für die Kesselwärter von Dampfkesseln auf Diesellok bei Verzicht auf unmittelbare Beaufsichtigung

1. Allgemeines

1\. 1. Für das Bedienen und Warten des Kessels und der Ölfeuerung gelten die Bedienungs- und Instandhaltungsanweisungen der einzelnen Kesselbauarten.

1\. 2. Die Kesselwärter haben sich den Vorgesetzten gegenüber auf Aufforderung über die Kenntnis der Vorschriften auszuweisen.

1\. 3. Betätigen von Kesseleinrichtungen ist Unbefugten verboten.

1\. 4. Die Kesselanlage ist stets rein und frei von allen nicht dahin gehörigen Gegenständen zu halten. Während des Betriebes müssen die Ausgänge des Kesselraums stets unverschlossen und frei bleiben.

1\. 5. Werkzeuge, Bedarfsgegenstände und Ersatzteile für den Betrieb sollen stets vorhanden und geordnet aufbewahrt sein.

2. Überwachung

2\. 1. Der Kessel darf entsprechend der im Kesselbuch enthaltenen Genehmigung ohne unmittelbare Beaufsichtigung betrieben werden.

2\. 2. Der Kessel ist zu überwachen nach der im Heizraum angebrachten „Überwachungs- und Prüfvorschrift"

2\. 3. Der Kesselwärter hat dem Ablöser den Kessel ordnungsgemäß zu übergeben. Störungen oder Mängel sind dem Ablöser zu melden und in das Übergabebuch einzutragen. Wird nicht abgelöst, darf der Kesselwärter den Kesselleitstand erst verlassen, wenn der Kessel außer Betrieb gesetzt ist.

3. Inbetriebsetzen des Kessels

3\. 1. War der Kessel geöffnet, so ist vor Inbetriebnahme festzustellen, ob alle Einrichtungen gangbar und ihre Verbindungen mit dem Kessel frei, die Entleerungseinrichtungen geschlossen sind und der Kessel vorschriftsmäßig mit Wasser gefüllt ist.

3\. 2. Das Einschalten des Kessels ist nach den Bedienungsanweisungen vorzunehmen.

3\. 3. Vor dem Einschalten und während des Anheizens sind alle Teile der Kesselausrüstung besonders die Wasserstandseinrichtungen, mit allen Hähnen oder Ventilen zu prüfen; der Druckmesser ist zu beobachten.

4. Betrieb des Kessels

4\. 1. Hähne und Ventile sind vorsichtig zu öffnen und zu schließen. Besondere Sorgfalt ist bei Benutzung von Entleereinrichtungen anzuwenden.

4\. 2. Der Wasserstand, soweit vorhanden, muß stets in ausreichender Höhe gehalten werden. Im Betrieb darf er nicht unter die Marke des niedrigsten Wasserstandes sinken. Kann der Wasserstand nicht mehr zuverlässig als genügend erkannt werden, so ist die Feuerung abzuschalten.

4\. 3. Alle Wasserstandsanzeiger sind zu benutzen sauber zu halten und gut zu beleuchten. Ihre Hähne und Ventile sind täglich zu prüfen.

4\. 4. Alle Speiseeinrichtungen müssen stets betriebsfähig sein. ihre Funktion ist täglich einmal zu prüfen.

4\. 5. Der Dampfdruck soll den festgesetzten, auf dem Fabrikschild angegebenen und am Druckmesser durch eine rote Marke bezeichneten Höchstdruck nicht überschreiten. Wird dieser Höchstwert überschritten, so ist der Kessel abzuschalten.

4\. 6. Die Sicherheitsventile sind täglich auf ordnungsmäßige Funktion zu prüfen.

4\. 7. Ein Außerbetriebsetzen von Teilen, wie Regler, Relais, Schütze, Wassermangelsicherungen und Sicherheitsventile usw. sowie eigenmächtige Änderungen an der Anlage sind verboten

Bei Störungen an Teilen, die dem selbsttätigen Kesselbetrieb dienen, ist der Kessel entweder abzuschalten oder der Kessel muß, solange er in Betrieb ist, unter ständiger, unmittelbarer Aufsicht bleiben, d. h. der Kesselwärter muß sich ständig am Kessel aufhalten.

4\. 8. Auffallende Erscheinungen am Kessel und an seiner Ausrüstung, z. B. schadhafte Schweißnähte, undichte Stellen, starke Verrostung, schadhafte Ausmauerung sind zu melden.

4\. 9. Bei gefahrdrohenden Schäden ist der Kessel sofort außer Betrieb zu setzen.

5 Entleeren und Frostschutz des Kessels

5\. 1. Mit dem Entleeren des Kessels darf erst begonnen werden, wenn die Ölfeuerung abgestellt und der Kessel drucklos ist.

5\. 2. Einlassen von kaltem Wasser in den entleerten, heißen Kessel ist untersagt.

5\. 3. Bei Frostgefahr sind außer Betrieb gesetzte Kessel und Rohrleitungen gegen Einfrieren nach den dafür geltenden Vorschriften zu schützen.

6. Instandhaltung

Für die Instandhaltung des Dampfkessels gelten die Bestimmungen der Zugförderungsvorschriften DV 948 III Teilheft 3 „Instandhaltung der Brennkrafttriebfahrzeuge" sowie der Bedienungs- und Instandhaltungsanweisungen.

Deutsche Bundesbahn
Bundesbahn-Zentralamt München

Die Vorläufigen Betriebsvorschriften für die Bedienung des Heizkessels. *Abbildung: Sammlung Frank Larsen*

Vergleich der Heizkessel von V 200.0 und V 200.1		
	V 200.0	V 200.1
Bauart	Vollautomatischer, ölgefeuerter, stehender Wasserraum kessel mit Flammrohr-Rauchrohr-Körting-Ölfeuerung und elektrischer Hagenuk-Steuerung	Vollautomatischer, ölgefeuerter Wasserrohrkessel, Bauart Vapor-Heating OK 4616
Hersteller	MAN	Hagenuk (Lizenz)
Masse (mit Wasser)	3,170 t	1,545 t
Wasserinhalt	800 l	55 l
Maße in mm	Kessel/Schaltschrank	Gesamt
Länge	1120/1600	1680
Breite	1120/400	1140
Höhe	3030/1300	1650
Genehmigungs-druck	5,0 bar	6,0 bar

Die Überwachung der Brennerflamme geschieht durch eine Fotozelle, die auf Helligkeitsänderungen der Flamme anspricht. Erscheint drei Sekunden nach Anfahren des Kessels keine Flamme, so schaltet er selbsttätig ab. Erlischt die Flamme während des Betriebs, so schaltet die Überwachung nach einer Sekunde ab. Damit wird verhindert, daß weiterhin Brennstoff nachfließt, was bei einer Wiederinbetriebnahme problematisch wäre. Da es sich hier um einen Zwangsdurchlaufkessel handelt, ist hier die Dampftemperatur die Überwachungsgröße. Erreicht sie 200 Grad, schaltet ein Thermostat den Kessel ab, da dieser Anstieg Wassermangel bedeutet.

Auf den Führerständen befinden sich folgende Überwachungseinrichtungen:

- ein weißer Betriebsleuchtmelder
- ein gelber Störungsleuchtmelder
- ein Anzeigeinstrument Dampftemperatur
- ein Kipptaster »Abschalten Heizkessel«

Nachdem sich der Einsatz der Baureihe 221 auf Güterzüge im Ruhrgebiet konzentriert hatte, war der Heizkessel seiner ursprünglichen Hauptfunktion entledigt. Dennoch mußte er voll gewartet und unterhalten werden.

Ein ersatzloser Ausbau kam nicht in Frage, weil er weiterhin für das Warmhalten und Vorwärmen der Lok benötigt wurde. Auf Verfügung des BZA München wurde daraufhin bei 221 145 probeweise der Heizkessel ausgebaut und durch ein Vorwärmgerät der Firma Hagenuk vom Typ K 75 ersetzt. Es sollte dann noch vier Jahre dauern, bis weitere Umbauten im Zuge von U2 und U3-Untersuchungen verwirklicht wurden.

Die folgendes Liste gibt einen Überblick, wann bei welchen Loks der Heizkessel durch ein Vorheizgerät K75 der Firma Hagenuk ersetzt wurde. Das Datum gibt den Abschluß der Arbeiten an, die in der Regel in Verbindung mit einer Hauptuntersuchung erfolgten:

221	101	13.06.85
221	110	14.11.86
221	111	05.03.85
221	113	12.12.86
221	115	01.08.85
221	117	20.02.86
221	121	20.06.86
221	123	02.04.84
221	127	28.10.85
221	132	03.08.84
221	137	29.01.87
221	138	03.04.87
221	141	10.07.84
221	142	30.01.85
221	143	08.11.84
221	144	10.03.86
221	145	18.12.80
221	146	19.12.84
221	147	28.05.84
221	149	01.10.85

Die Vorheizanlage K 75

Das Vorheiz- und Warmhaltegerät der Bauart K 75 des Herstellers Hagenuk in Kiel diente ausschließlich zur Erhaltung der Betriebstemperatur des Kühlwassers bei längeren Aufenthalten und abgestellten Motoren sowie dem Vorheizen der Maschinenanlage, wenn die Lok »kalt« abgestellt war. Das Heizgerät bestand aus einem Heizkessel HK 75, dem Vorsatzbrenner BR 40 und dem Steuergerät »Vorwärmanlage«. Der Heizkessel war nur 85 kg schwer und hatte einen Wasserinhalt von nur 20 l. Der Vorsatzbrenner mit 29 kg Gewicht war im Verbrauch mit 2,9 – 12 kg/h wesentlich sparsamer als der des OK 4616. Die Stromversorgung (120 V) erfolgte extern durch ein Versorgungskabel.

In der Betriebsart »Warmhalten«, die am Steuergerät eingestellt werden konnte, wurde die Kühlwassertemperatur bei 40 – 46 °C gehalten, beim »Vorwärmen« auf 60 – 66 °C erhöht.

Speisewasser-Feuerlöschanlage

Neben den auf der Lok vorhandenen Handfeuerlöschern besaß die Baureihe V 200.1 eine Speisewasser-Feuerlöschanlage. Sie bestand aus zwei voneinander getrennten, unabhängigen Anlagen, die durch Klappen in den Schürzen zugänglich waren.

Dazu gehörten eine Allweiler-Handflügelpumpe mit Windkessel im Maschinenraum, Pumpenhebel, die Entwässerung sowie ein 15-m-Schlauch. Sicherlich der Hauptnachteil dieser Brandbekämpfung war, daß der nötige Wasserdruck durch eine Handpumpe erzeugt wurde, eine effektive Brandbekämpfung durch eine Person somit kaum möglich war.

Diese Feuerlöschanlage wurde ab Ende der 70er Jahre ausgebaut und durch weitere Feuerlöscher ersetzt.

Sonstige Einrichtungen

Sicherheitsfahrschaltung:
Die V 200.1 wurde als erste Seriendiesellok der DB mit einem elektronischen Sifa-System Bauart Deuta ausgestattet. Es arbeitet wegabhängig mit zeitabhängiger Wachsamkeitskontrolle.

Induktive Zugsicherung:
Es handelt sich um eine Dreifrequenz-Indusi der Bauart Standard Elektrik Lorenz (SEL) 60 mit einem Transistorgenerator. Dieser liefert eine Frequenz von 2030 Hz. Durch einen Frequenzteiler werden die weiteren benötigten Frequenzen 1015 und 507,5 Hz erreicht.

Stromversorgung:
Zwei Lichtanlaßmaschinen der Bauart Still liefern 110 V Nennspannung und sind mit 150 A belastbar. Sie besitzen zusätzliche Schleifringe für den Abgriff von Wechselspannung. Sie entsprechen der Baureihe V 100 und sind über je eine Gelenkwelle mit dem Hilfsabtrieb des jeweiligen Getriebes verbunden.

Zug und Stoßvorrichtungen:
Die V 200.1 erhielt analog zu den übrigen Dieselloks der DB 620 mm lange UIC-Puffer mit 350 kN-Ringfeder und einem Hub von 75 mm. Auf die bei der V 200.0 verwendeten Pufferunterlegplatten wurde bei der V 200.1 verzichtet, ohne daß sich daraus Nachteile ergaben. In der Folge ist die Länge der Puffer gegenüber der V 200.0 um 30 mm geringer.

Einige Loks wurden in den 70er Jahren für eine automatische Kupplung vorbereitet. Bei ihnen wurde die Kupplungsaufnahme vorbereitet, der entstandene Schacht durch eine aufgeschraubte Platte mit Kupplungshaken verdeckt.

Zugbahnfunk:
Für den Einsatz auf der Vogelfluglinie wurden die Lübecker V 200.1 erstmals mit Zugbahnfunk ausgerüstet. Dazu erhielten sie eine Funkantenne auf dem Dach, die wegen ihres charakteristischen Aussehens »Topfantenne« genannt wurde und außerdem je eine Anschlußsteckdose auf den Vorbauten. Nach und nach wurden alle Loks mit Zugbahnfunk ausgestattet und die erste Version durch die gebräuchliche Standardversion ersetzt.

Bauartunterschiede zwischen der 1. und 2. Serie

Nachdem sich die ersten zwanzig Lokomotiven der Baureihe V 200.1 im Betrieb sehr gut bewährten, erhielt Krauss-Maffei den Auftrag zum Bau weiterer dreißig Fahrzeuge. Die Tatsache, daß sich Änderungen gegenüber der ersten Serie in sehr engem Rahmen hielten, spricht für die ausgereifte Konstruktion.

In der Tabelle auf Seite 53 sind die Unterschiede der beiden Serien mit Stand der Ablieferung im Einzelnen aufgeführt.

Zum Teil wurde die erste Serie so umgerüstet, daß sie später der zweiten Serie entsprach. Am auffälligsten blieben der unterschiedliche »Sound« der Maschinen mit und ohne Abgasschalldämpfer und bei der Draufsicht die Unterschiede bei den Motorraumlüftern.

Bauartänderungen

Die Änderungen: sind ausgeführt in AW — Bw	lt Verfügung vom — der	in der Zeit von	bis	Bezeichnung der Bauartänderung	Kosten: a Fertigungslohnkosten, b Fertigungsgemeinkosten, c Stoff- u Ersatzstückkosten, d Stoffgemeinkosten, e Aufarbeitungskosten, f Sonstige Kosten, g Gesamtkosten (a-f) DM
Fa	BZA Mü	6.4.64	23.4.64	Auspuff-Schalldämpfer bei Fa	
Krauss, Maffei	35.3520			Krauss-Maffei eingebaut und	
	Flmw-V200-[illegible]			Versuch gefahren.	
	v. 16.8.63			6.5.64 Nagel, TBD[illegible]	
AW Nürnberg		26.4.68	17.5.68	So- u. No-Arbeiten — Nr.	
				Stirnseitige Anhebeflächen — 2.3.255	
				Gelenkwellendurchbruch Vergr. — 2.3.350	
				Schleuderschutzgerät der 2.Serie — 2.3.334	
				Änderungsarbeiten:	
				Montageöffnung im Batteriekasten anbringen. Elastische Luftpresserlagerung. Tropfbecher auf 20 mm aufbohren. Rohr vom Dreikreiswärmetauscher zum Kondensabscheider aus Kupfer eingebaut. Aumaplatten einkleben. Handstangen vom Schiebefenster abgebaut. Getriebeflansch genorat.	
				Deutsche Bundesbahn Bundesbahn-Ausbesserungswerk Nürnberg [illegible]	
Bw Kempten	BZA Mü	3.1.72		Lenkerwerk der TD durch	
	35.3505			2 Stoßdämpfer entkoppelt.	
	Flmd 22(1)			4 Anschläge an Hirschmann[illegible]	
	v. 17.10.71			je Drehbüchse angeschweißt.	
				Kempten i. A., den 18.2.72 Bahnbetriebswerk [illegible]	

962 036 Bauartänderungen A 4 h 5 b 80 München III 61 5000 A 118

Die Änderungen: sind ausgeführt in AW — Bw	lt Verfügung vom — der	in der Zeit: von	bis	Bezeichnung der Bauartänderung	Kosten: a Fertigungslohnkosten, b Fertigungsgemeinkosten, c Stoff- u Ersatzstückkosten, d Stoffgemeinkosten, e Aufarbeitungskosten, f Sonstige Kosten	g Gesamtkosten (a-f) DM
AW Nürnberg		1.2.74	13.3.74	SO. u. NO. Arb. Nr.		
				Zus. Geräuschisolierung 2.3.327		
				Grenzwertgeber an Kraftstoff - u. Heizölbehälter angebracht. 2.3.409		
				Zugbahnfunk 1.3.418		
				Gummifederung 2.3.427		
				Automatische Kupplung Einbaustufe 1 2.3.521		
				Schlüsselzahl 521		
"		"	"	Änderungsarbeiten.		
				Luftverbindungskupplung zwischen 5 - fach Magnetventil u. 16 - Stellungsgerät des Motor: Prüfen, ob am lokseitigen Flansch die Anschlußstellen der Zeichnung Fl= 1-208.88.1 entsprechen u. ggf. nach Zeichnung berichtigen. Verlegen des Schleuderschutzgenerators von den Treibradsätzen an die Getriebe. Schleuderschutzgeber an die Getriebe angebaut.		
				Deutsche Bundesbahn Bundesbahn Ausbesserungswerk Nürnberg		
AW Nürnberg		03.03.80	11.04.80	Sonderarbeit Nr. 2.3.438, 2.3. 462, 2.3.467		
				Ausrüstung auf mehrlösige Bremse. 2.3.438		
				Verbessern der Führerraumentlüftung. 2.3.462		
				Einbau eines Thermofaches. 2.3.467		
				Deutsche Bundesbahn Bundesbahn Ausbesserungswerk Nürnberg i.V.		

Auszug aus dem Betriebsbuch: Bauartänderungen an V 200/221 103.

Unterschiede der beiden Serien mit Stand der Ablieferung

	1. Serie	2. Serie
Abgasschalldämpfer	nicht vorhanden	vorhanden
Dieselkraftstoffbetriebsbehälter oberhalb der Führerstandsrückwand	links	rechts
Schleuderschutz	Schleudern durch Leuchtmelder angezeigt	automatisch
Gleitschutzregler	nein	ja
Motorerstausstattung	ohne Kolbenölkühlung	mit Kolbenölkühlung
Maschinenraumlüfter	keine	vorhanden
Führungsplatten im Drehgestell	Mangan	Polyamid

Hersteller und Abnahme

Alle V 200.1 wurden bei Krauss-Maffei in München-Allach gebaut. Dabei konnten zwei Jubiläen gefeiert werden: Zum einen war V 200 108 die 19000ste von Krauss-Maffei gelieferte Lokomotive, was die lange Tradition und Erfahrung des Herstellers im Bau von Triebfahrzeugen unterstreicht, zum anderen war V 200 134 die hundertste von Krauss-Maffei gebaute V 200. Dazu ist zu bemerken, daß von den 86 Loks der V 200.0 zwanzig, nämlich V 200 006 bis 025, bei MaK gebaut wurden. Die Baureihe V 200.1 wurde in zwei Teilserien ausgeliefert:

1. Serie: V 200 101 bis 120
   Baujahre 1962/1963
   Fabriknummern 18993 bis 19012
2. Serie: V 200 121 bis 150
   Baujahre 1964/1965
   Fabriknummern 19241 bis 19270.

Äußerlich sind die beiden Bauserien kaum zu unterscheiden, im Fahrzeuginneren wurden Details geändert, wie im vorherigen Kapitel beschrieben.

Stolz posiert ein Teil der Belegschaft vor V 200 134, der hundertsten von Krauss-Maffei gebauten V 200. *Werkfoto: Krauss-Maffei*

Grund zum Feiern im Herstellerwerk nach der Fertigstellung der V 200 108. *Werkfoto: Krauss-Maffei*

Jedes Schienenfahrzeug der Deutschen Bundesbahn wurde vor der Inbetriebnahme im Rahmen einer Probefahrt, der sogenannten »Abnahmefahrt«, getestet. Diese wurde vom zuständigen Ausbesserungswerk durchgeführt. Im Fall der V 200.1 war dies das AW Nürnberg.

Die Abnahmefahrten, bei denen die neue Loks eine gewisse Anzahl von Belastungswagen zu ziehen hatten, fanden entweder auf der Strecke Nürnberg–Bamberg–Neuenmarkt-Wirsberg–Marktschorgast und zurück oder Nürnberg–Bayreuth–Neuenmarkt-Wirsberg–Marktschorgast und zurück über Bamberg statt. Zwischen Neuenmarkt-Wirsberg und Marktschorgast wurde dabei die »Schiefe Ebene« bergan befahren. Bei einem Neigungsverhältnis von 1:40 mußte die V 200.1, wie andere Dieselfahrzeuge vor und nach ihr, beweisen, was in ihr steckte.

Zwischen Bamberg und Erlangen konnte dann mit Höchstgeschwindigkeit gefahren werden. Hier existiert eine Schnellfahrstrecke ohne planmäßigen Schnellverkehr. Beispielsweise wurden dort in den 60er Jahren die E10 299 und 300, bei denen die Höchstgeschwindigkeit auf 200 km/h heraufgesetzt worden war, im Rahmen von Meßfahrten erprobt. Ebenso fanden 1991 hier Probefahrten des »Pendolino« (Baureihe 610) statt.

Nach erfolgreicher Abnahmefahrt wurde das Fahrzeug in der Regel am nächsten Tag in den Bestand des zugewiesenen Heimat-Betriebswerks übernommen.

Abnahmedaten

Lok-Nr.	Abnahme	Fab.-Nr.	erstes Bw
221 101	27.11.62	18993	Kempten
221 102	09.01.63	18994	Kempten
221 103	10.01.63	18995	Kempten
221 104	18.01.63	18996	Kempten
221 105	01.02.63	18997	Kempten
221 106	01.02.63	18998	Kempten
221 107	12.02.63	18999	Kempten
221 108	19.02.63	19000	Kempten
221 109	06.03.63	19001	Lübeck
221 110	13.03.63	19002	Lübeck
221 111	15.03.63	19003	Lübeck
221 112	20.03.63	19004	Lübeck
221 113	25.03.63	19005	Lübeck
221 114	04.04.63	19006	Lübeck
221 115	05.04.63	19007	Lübeck
221 116	19.04.63	19008	Lübeck
221 117	23.04.63	19009	Lübeck
221 118	29.04.63	19010	Lübeck
221 119	10.05.63	19011	Lübeck
221 120	22.05.63	19012	Lübeck
221 121	07.12.64	19241	Villingen
221 122	10.12.64	19242	Villingen
221 123	21.12.64	19243	Villingen
221 124	31.12.64	19244	Villingen
221 125	12.01.65	19245	Villingen
221 126	27.01.65	19246	Villingen
221 127	04.02.65	19247	Villingen
221 128	18.02.65	19248	Lübeck
221 129	19.02.65	19249	Lübeck
221 130	26.02.65	19250	Lübeck
221 131	09.03.65	19251	H.-Altona
221 132	16.03.65	19252	H.-Altona
221 133	30.03.65	19253	H.-Altona
221 134	08.04.65	19254	H.-Altona
221 135	20.04.65	19255	Kempten
221 136	06.05.65	19256	Kempten →

Frisch ab Werk präsentiert sich V 200 102 in München-Allach, vermutlich auf Probefahrt, dem Werksfotografen. Die Anschriften am Fahrzeugrahmen sind noch unvollständig. *Werkfoto: Krauss-Maffei*

Abnahmedaten

Lok-Nr.	Abnahme	Fab.-Nr.	erstes Bw
221 137	07.05.65	19257	Kempten
221 138	14.05.65	19258	Kempten
221 139	11.06.65	19259	Kempten
221 140	01.06.65	19260	Kempten
221 141	15.06.65	19261	Kempten
221 142	22.06.65	19262	Kempten
221 143	05.07.65	19263	Kempten
221 144	16.07.65	19264	Villingen
221 145	30.07.65	19265	Villingen
221 146	04.08.65	19266	Lübeck
221 147	09.09.65	19267	Lübeck
221 148	01.09.65	19268	Villingen
221 149	10.09.65	19269	Villingen
221 150	28.09.65	19270	Villingen

Bescheinigung

über die

Abnahmeprüfung von Motorschienenfahrzeugen

Fahrzeug Betriebs-Nr. V 200 150

Der (Die) für eine Höchstgeschwindigkeit von 140 km in der Stunde bestimmte, von der Firma Krauss-Maffei AG, München-Allach

im Jahr 1965 angefertigte Dieseltriebwagen*), Diesellokomotive*), Kleinlokomotive*) mit hydraulischen Antrieb

Betriebsnummer V 200 150 Fabriknummer 19 270 mit nachstehenden Großteilen

Bezeichnung	Fabrik-Nr.	Hersteller	Standort des Herstellerwerkes	Baujahr
Triebdrehgestell*)	19 270/1	Krauss-Maffei	München-Allach	1965
Triebdrehgestell*)	19 270/2	" "	" "	1965
Verbrennungsmotor MB 835 Ab	835 456	Maybach-Motorenbau GmbH	Friedrichshafen	1965
Verbrennungsmotor "	835 465	" "	"	1965
Getriebe*) K 184 U	13 141	" "	"	1965
Getriebe*) K 184 U	13 142	" "	"	1965
Achstrieb*) C 34	34 117	" "	"	1965
Achstrieb*) C 34	34 235	" "	"	1965
Achstrieb C 34	34 204	" "	"	1965
Achstrieb C 34	34 234	" "	"	1965

ist einschließlich seiner Ausrüstungsteile heute gemäß § 43 (44) *) der Eisenbahn-Bau- und Betriebsordnung geprüft und abgenommen worden.

*) Nichtzutreffendes streichen

962 022 Bescheinigung über die Abnahmeprüfung A 4 h 5 b 80 München III 61 4000 A 118

Die Maschinenanlage ist nach den vorgelegten Bescheinigungen geprüft und abgenommen worden:

Verbrennungsmotor Fabrik-Nr	835 456	am	28.9. 1965
Verbrennungsmotor Fabrik-Nr	835 465	am	28.9. 1965
Getriebe*) Fabrik-Nr	13 141	am	28.9. 1965
Getriebe*) Fabrik-Nr	13 142	am	28.9. 1965
Achstrieb*) Fabrik-Nr	34 117	am	28.9. 1965
Achstrieb*) Fabrik-Nr	34 235	am	28.9. 1965
Achstrieb Fabrik-Nr	34 204	am	28.9. 1965
Achstrieb Fabrik-Nr	34 234	am	28.9. 1965

Das Fahrzeug ist mit den vorgeschriebenen Anschriften versehen und mit einer Tonsignaleinrichtung ausgerüstet. (2 Makrofone, Bauart Zöllner)

An dem Fahrzeug sind vorn und hinten Bahnräumer angebracht.

Die Hauptluftbehälter Nr. 32797 u. 32848 wurden am 20.10./17.11.1964 mit einem Wasserdruck von 15 kg/cm² geprüft*)

Die Anlasserluftflasche wurde am — 19— mit einem Wasserdruck von — kg/cm² geprüft*)

Das Fahrzeug entspricht den Bestimmungen der Eisenbahn-Bau- und Betriebsordnung.

Das Fahrzeug hat am 27.9.1965 eine Probefahrt von Nürnberg-Rbf. bis Marktschorgast und zurück anstandslos zurückgelegt. Gegen eine Indienststellung bestehen keine Bedenken.

Dienststempel — Nürnberg, den 29. Sept. 65

(Stempel: Deutsche Bundesbahn – Der Werkdirektor – Bundesbahn-Ausbesserungswerk Nürnberg)

*) Nichtzutreffendes streichen

Abnahmebescheinigung der V 200 150 *Abbildung: Auszug aus dem Betriebsbuch V 200/221 150*

Unterhaltung

Bahnamtliche Untersuchungen

Auch Schienenfahrzeuge müssen in bestimmten Abständen aus Sicherheits- und Wartungsgründen untersucht werden. Die Abstände waren bei den hier aufgeführten Hauptuntersuchungen im Ausbesserungswerk (AW) auf 6 Jahre festgelegt, wenn nicht vorher eine bestimmte Kilometergrenzleistung erreicht wurde.

Es bestand die Möglichkeit der Verlängerung um zweimal ein Jahr bei gutem Allgemeinzustand, sofern die Kilometergrenzleistung noch nicht erreicht war.

Dabei unterschied man folgende Schadgruppen:

- U2: Hauptuntersuchung aller Hauptbauteile mit Probefahrt
- U2.8: Auslaufuntersuchung, bei der nur Teile aufgearbeitet wurden, die zur Betriebssicherheit unbedingt notwendig sind. Dies war die letzte Untersuchung vor der Ausmusterung.

Mit ehemaligen Heizwagen befand sich 221 124 am 05.06.1979 vom AW Nürnberg aus auf Lastprobefahrt. Das Foto entstand im Bf Lichtenfels. *Foto: Rudolf Potelicki*

Neben den turnusmäßigen Untersuchungen wurden im AW größere Reparaturen erledigt. Am 04.08.1982 befand sich neben den 221 117 und 126 auf diesem Bild auch 221 129 in Nürnberg. *Foto: Frank Larsen*

- U3: Hauptuntersuchung mit Neuanstrich
- U4: Grundüberholung. Wäre bei der Baureihe 221 angestanden, wurde jedoch wegen der absehbaren Ausmusterung nicht mehr durchgeführt.

Daneben gab es noch die U0, Bedarfsausbesserung im AW, beispielsweise nach Unfall und die U1, eine turnusmäßige Untersuchung im Bw.

Ihre erste U2 erhielten die V 200.1 gegen Ende der Werks-Gewährleistungspflicht.

Übersicht:
V 200.1/221 Schadgruppe und Datum

101	U2 14.09.67	U2 14.01.74	U3 05.09.79
102	U2 23.08.67	U3 07.12.72	U3 13.12.78
	U2.8 31.07.86		
103	U2 17.05.68	U2 13.03.74	U3 11.04.80
104	U2 20.03.68	U3 14.01.74	U2 08.02.80
105	U2 20.12.67	U3 17.07.73	U3 24.07.79
106	U2 02.11.67	U3 16.09.73	U3 07.08.79
107	U2 25.01.68	U3 08.11.73	U2 26.11.79
108	U2 07.04.66	U3 15.03.71	U3 26.04.77
	U2.8 10.06.85		
109	U2 21.09.67	U3 16.10.73	U2 15.11.79
110	U2 12.10.67	U3 14.01.73	U3 22.01.79
	U2.8 14.11.86		
111	U2 29.04.66	U3 23.03.71	U3 13.01.77
	U2.8 05.03.85		
112	U2 08.06.67	U3 14.06.73	U3 21.06.79
	U2.8 26.04.87		
113	U2 28.04.67	U3 09.10.72	U3 24.10.78
	U2.8 12.12.86		
114	U2 07.02.68	U3 21.11.73	U2 06.12.79
115	U2 30.06.66	U3 06.05.71	U3 15.06.77
116	U2 20.11.67	U2 13.05.73	U3 20.05.79
117	U2 06.03.68	U2 11.02.74	U3 27.03.80
118	U2 18.01.68	U2 10.12.73	U3 23.01.80
119	U2 21.12.67	U2 27.01.74	U3 10.03.80
120	U2 06.12.67	U2 20.08.73	U3 05.10.79
121	U3 29.04.69*	U2 01.04.74	U3 02.04.80
122	U3 17.11.69*	U3 25.07.74	U3 25.07.80
124	U2 12.06.69	U3 30.01.75	U2 13.07.82
126	U2 06.10.69	U3 01.05.75	U2 14.11.81
127	U2 12.12.69	U3 08.12.74	U2 25.05.82
128	U2 15.09.69	U2 20.06.74	U3 23.07.80
129	U2 05.02.69	U3 13.02.75	U3 02.09.82
130	U2 24.11.69	U3 13.11.75	U2 01.03.83
131	U2 21.10.69	U3 20.05.75	U2 22.11.82
132	U2 06.05.69	U2 09.04.75	U3 15.06.81
133	U2 28.02.69	U3 19.12.74	U2 28.10.81
134	U2 02.04.69	U3 24.04.75	U2 21.10.82
135	U2 11.12.70	U2 14.12.75	U3 10.05.83
136	U2 16.07.70	U3 06.07.76	
137	U2 24.03.70	U3 06.04.76	U2 09.09.81
138	U2 16.04.70	U3 03.06.76	U2 17.12.81
139	U2 12.05.70	U3 06.07.75	U3 04.08.81
140	U2 15.06.70	U3 29.07.76	U2 10.11.83
141	U2 24.09.70	U3 04.11.76	
142	U2 23.11.70	U3 28.12.76	U2.8 30.01.85
143	U2 15.10.70	U3 24.11.76	U2.8 08.11.84
144	U2 23.01.70	U3 11.03.75	U2 21.09.82
145	U2 12.02.70	U3 16.07.75	U2 17.07.83
146	U2 09.11.70	U3 16.12.76	U2.8 19.12.84
147	U2 22.12.70	U3 12.10.76	U2 28.05.84
148	U2 26.02.70		
149	U2 27.05.70	U3 29.05.75	U2 24.01.83
150	U2 04.06.70	U3 31.07.75	

** Neulackierung vermutlich nach Unfall*

Die V 200.1 im Betriebsdienst

Stationierungen

Die Baureihe V 200.1 wurde nach Auslieferung und Abnahme bei den Betriebswerken Kempten, Villingen, Hamburg-Altona und Lübeck stationiert. Eine Beheimatung in Limburg war zwar geplant, wurde jedoch nicht realisiert. Hier wurden stattdessen 1964/65 insgesamt acht Loks der Baureihe V 200.0 stationiert. Im Gegensatz zu dieser Baureihe, deren 86 Loks im Laufe ihres Betriebs in zwölf Betriebswerken in der gesamten damaligen Bundesrepublik beheimatet waren, führte die V 200.1/221 ein eher beständiges Dasein.

Zunächst konzentrierten sich die Maschinen auf Kempten und Villingen im Süden sowie Hamburg-Altona und Lübeck im Norden. Später waren sie noch in Oldenburg und Gelsenkirchen-Bismarck zu Hause und schließlich, von den beiden vorher ausgemusterten Maschinen abgesehen, war die gesamte Baureihe komplett in Gelsenkirchen-Bismarck bzw. Oberhausen 1 beheimatet.

Die Stationierungsdaten sind den Betriebsbüchern der Loks entnommen. Befand sich eine Lok zwischen zwei Stationierungen im Ausbesserungswerk, so ist diese Zeit der bisherigen Stationierung hinzugerechnet.

Die Paradeleistung der Kemptener V 200.1 war der »Blaue Enzian«. V 200 105 verläßt am 20.07.1964 mit F 55 den Münchner Hbf.
Foto: Rudolf Potelicki

Bw Kempten

Das Bw Kempten erhielt als erste Dienststelle die damals noch fabrikneuen V 200.1. Gemeinsam mit den sechs von 1962 bis 1965 in Kempten beheimateten V 200.0 führten sie zum Leidwesen der Eisenbahnfreudnde das Ende der in Lindau beheimateten Dampflokbaureihe 18.6 herbei. Nachdem die ersten acht Lokomotiven in Kempten eingetroffen waren, ging V 200 101 leihweise ans Bw Würzburg, das damals unter anderem elf Loks der Baureihe V 200.0 im Bestand führte. Diese Stationierung geschah auf fernmündliche Anordnung der OBL Süd M 62 und dauerte vom 20.04. bis 26.05.1963. Im Betriebsbuch wurde sie nicht verzeichnet, sie diente der Lokführerschulung. Ab Sommerfahrplan 1963 war Würzburg der nördlichste Wendebahnhof der Kemptener V 200.1. Zwei Loks erreichten ihn täglich über die Strecke Treuchtlingen–Ansbach–Würzburg. Hervorzuheben ist dabei der F 55/56 »Blauer Enzian«, der nicht über Nürnberg, sondern über die direkte Verbindung via Ansbach fuhr. Da auf diesem Streckenabschnitt die Nord-Süd-Elektrifizierung noch nicht abgeschlossen war, mußte ein solch im wahrsten Sinne des Wortes »erstklassiger« Zug auch mit einer angemessenen Diesellok bespannt werden. Aber auch D-Züge wurden von Würzburger Lokführern mit Kemptener V 200.1 gefahren. Dampfloks der Baureihe 01 wurden damit nur noch für wenige Schnellzüge benötigt. Mit der Aufnahme des elektrischen Betriebs zwischen Treuchtlingen und Würzburg am 15.03.1965 übernahmen die Baureihen E 10 und E 03 die durchgehende Bespannung der hochwertigen Reisezüge. Schwerpunktmäßig bestand das Beförderungsprogramm der Kemptener Maschinen aus D- und Eilzügen. Erwähnenswert sind aber die D-Züge »Isar-Rhone« und »Rhone-Isar«. Dieses Zugpaar war eines der ersten dieselbespannten Schnellzugpaare zwischen München und Lindau und wurde vor der Übernahme der Leistung durch die V 200.1 von V 200.0 gezogen.

■ **Auf der internationalen Verkehrsausstellung in München, die vom 25.06. bis 03.10.1965 stattfand, konnte auch V 200 139 bewundert werden. Diese Lok wurde nach ihrer Abnahme am 11.06.1965 buchmäßig dem Bw Kempten zugeteilt und nach dem Ende der Verkehrsausstellung nach Villingen abgegeben. Das Betriebsbuch verzeichnet für diese Episode eine Laufleistung von »0« Kilometern.**
Für Fotografen denkbar ungünstig stand die Lok auf dem Ausstellungsgelände in München. *Foto: DB/ Först*

Im Jahr 1965 kamen V 200 135 und 137 zu ganz besonderen Ehren: Sie durften anläßlich des Deutschlandbesuchs von Queen Elisabeth vom 20. bis 24. Mai 1965 gemeinsam ihren Sonderzug ziehen. Eine dieser beiden fast noch fabrikneuen Lokomotiven blieb danach zur Lokführerschulung in Ulm. V 200 136 trug ebenfalls zum fahrplanmäßigen Protokoll der Königin bei: Sie bespannte den dazugehörigen Sicherungszug.

Überhaupt wurden die Kemptener Loks sehr häufig zu Personalschulungszwecken in anderen Betriebswerken herangezogen: V 200 106 ging gleich nach ihrer Abnahme nach Villingen und nach Lübeck, V 200 101 war in Würzburg und 221 142 befand sich vom 04.05. bis 28.05.1973 in Hof, das ab Sommer 1973 von Villinger 221er erreicht werden sollte. Weitere Leihbeheimatungen bei anderen Betriebswerken sind mit Sicherheit erfolgt, da jedes Bw, das Lokführer für diese Baureihe stellte, vor dem Planeinsatz auch eine Lok zu Ausbildungszwecken benötigte.

Personale aus Kempten fuhren die Züge auf den Strecken Kempten–Augsburg, Kempten–München, Kempten–Ulm und München–Lindau. Ulmer Lokführer waren auf der Linie Ulm–Friedrichshafen und

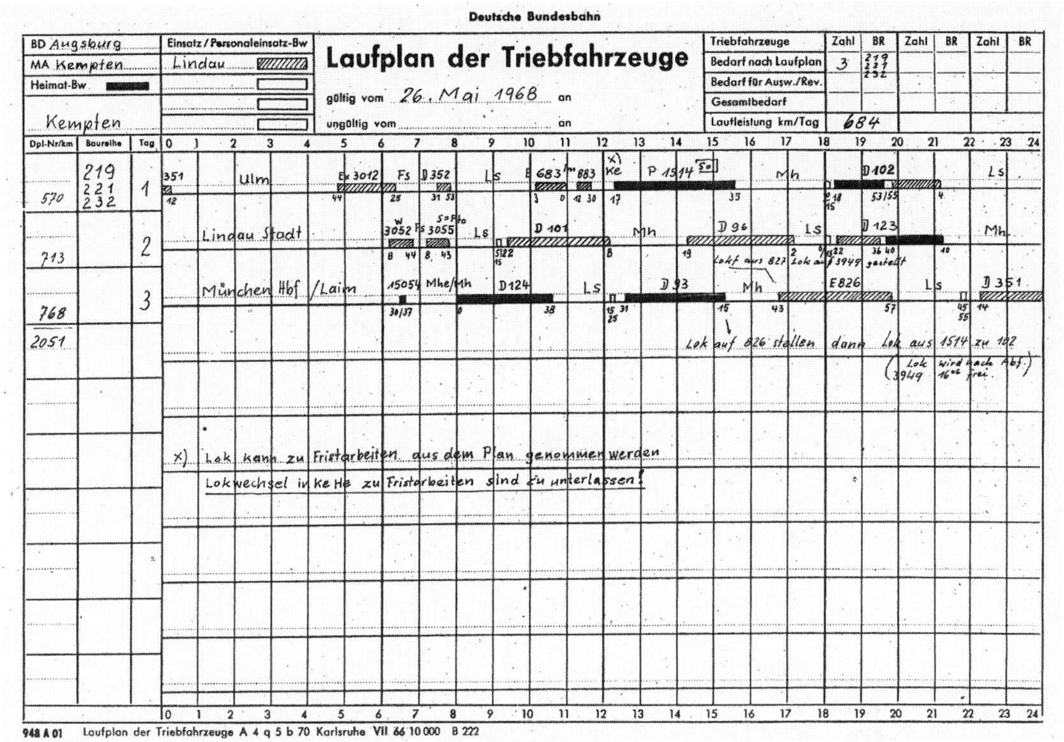

Der Mischplan der V 200.1 mit der 232 001 und der 219 001, gültig ab 26. Mai 1968. *Abbildung: Sammlung Heinz Skrypnik*

bis zum Winterfahrplan 1968/69 auf der Verbindung Ulm–Aalen–Ellwangen eingesetzt. Lindauer Personal besetzte die Loks zwischen München und Friedrichshafen, Kempten und Aulendorf, Friedrichshafen–Lindau und Buchloe, Kempten und Ulm sowie Kempten und Augsburg.

In den Laufplänen sind kaum Güterzüge enthalten, doch ist dies nicht verwunderlich, denn man wollte die V 200.1/221 primär vor prestigeträchtigeren Zügen einsetzen. Auch sind in diesen Dienstplänen keine Doppelbespannungen von 221ern enthalten, diese hat es jedoch gegeben.

Ein weiterer Umlaufplan, ein sogenannter »Mischplan« existierte in Kempten gemeinsam mit der 219 001, einem Einzelgänger mit einer Gasturbine als Zusatzantrieb zum Fahrmotor sowie der sechsachsigen, zweimotorigen 232 001.

Anfang der 70er Jahre traf man die Kemptener 221er, wie sie nun hießen, auf allen Hauptstrecken zwischen Ulm und dem Bodensee, dem Schwarzwald und München an. Schwerpunkt blieb jedoch die Allgäubahn München–Kempten–Lindau. Gerade hier konnten die Fahrzeiten gegenüber dampfbespannten Zügen mit dem Einsatz der V 200.1 durch die größere Beschleunigung sowie durch den Wegfall von Betriebspausen wie beispielsweise dem Wasserfassen stark gekürzt werden.

Ab 1971 schrumpfte der 221-Bestand des Bw Kempten wieder. Für internationale Schnellzüge erwies sich die Baureihe als problematisch: Die neuen Schweizer Schnellzugwagen waren bereits ausschließlich mit elektrischer Zugheizung ausgerüstet. Daher erhielt das Bw Kempten aus Neulieferungen die einmotorigen 218 und die durch eine Gasturbine verstärkten 210. Diese neuen Baureihen waren bereits mit einem Generator für die elektrische Zugheizung versehen, der über das Getriebe vom Fahrmotor angetrieben wurde. Dennoch, durch die Olympischen Spiele 1972 in München entstand ein vorübergehender Diesellokmangel in Kempten, weswegen das Bw Villingen mit zwei 221ern aushalf.

Vermutlich wäre dem Fotografen hier eine 18^6 lieber gewesen. Im September 1967 war dies schon seit zwei Jahren nicht mehr möglich. Trotzdem drückte Heinz Skrzypnik im Bw Lindau auf den Auslöser.

Für ein Pressefoto posierte V 200 107 in der Wagenwaschanlage des Bf Lindau. *Foto: Lichtbildstelle der BD Nürnberg*

1975 endete die Beheimatung der Baureihe 221 beim Bw Kempten mit der Umbeheimatung des gesamten Bestandes ins Bw Villingen. Die V 200.1 wurde von Kemptener Lokführern einerseits als sehr zuverlässig geschätzt, andererseits war man froh über die Ablösung, da es auf den Führerständen, vor allem bei den auf den steigungsreichen Strecken häufig nötigen Vollastfahrten, sehr laut war.

Auch 1964 gab es schon V 200.1 mit weißen Puffertellerringen! Hinter der Lok läuft ein Schweizer Wagen.
Foto: Rudolf Potelicki

Glimpflich verlief im August 1965 diese Begegnung mit 50 663 in Buchloe. *Foto: Heinz Werner*

Schon mit neuer Nummer, aber ansonsten mit grauem Dach und Zierleisten noch im Ursprungszustand, verläßt 221 135 im November 1969 das Bw München Hbf. Viele Eisenbahnfreunde sind diesen Weg schon gegangen. *Foto: Heinz Skrzypnik*

Stationierungsübersicht

Lok		aus	von	bis	nach
V 200/221	101	Abnahme	28.12.62	26.01.71	Villingen
	102	Abnahme	10.01.63	12.04.71**	Villingen
		Villingen	25.08.72	10.09.73	Villingen*
	103	Abnahme	23.01.63	14.05.74	Villingen
	104	Abnahme	19.01.63	14.05.74	Villingen
	105	Abnahme	02.02.63	14.03.75	Villingen
			(vom 04.02.63 bis 21.02.63 zur Probezerlegung im AW Nürnberg)		
	106	Abnahme	02.02.63	28.03.75	Villingen
			(vom 02.02.63 bis 07.03.63 Leihlok in Villingen)		
	107	Abnahme	13.02.63	06.04.75	Villingen
	108	Abnahme	20.02.63	25.04.75	Villingen
	126	Villingen	06.07.72	12.07.72	Villingen*
	135	Abnahme	21.04.65	31.05.75	Lübeck
	136	Abnahme	07.05.65	09.05.75	Villingen
	137	Abnahme	08.05.65	09.05.75	Villingen
	138	Abnahme	15.05.65	20.05.75	Villingen
	139	Abnahme	12.06.65	05.10.65	Villingen
	140	Abnahme	02.06.65	05.06.75	Villingen
	141	Abnahme	16.06.65	30.05.75	Villingen
	142	Abnahme	23.06.65	14.06.75	Villingen
	143	Abnahme	06.07.65	11.06.75	Villingen

* *Leihloks wegen Olympiade in München*

** *Nach anderen Quellen bis 28.02.1971*

Ab 23. Juni 1965 gehörte 221 142 zum Bestand des Bw Kempten. Gemeinsam mit einer 03 vom Bw Ulm machte sie im Sommer 1970 einen Ausflug in den Bahnhof Friedrichshafen Hafen. *Foto: Dietrich Honzera*

Ein typischer Eilzug der 70er Jahre. Am Schluß befindet sich sogar noch ein Schürzenwagen. 221 137 verließ am 12. Mai 1971 mit dem E 2100 von Ulm nach Friedrichshafen den Bahnhof Aulendorf. Links die Strecke von Pfullendorf bzw. Herbertingen, rechts das Ziehgleis. *Foto: Hermann Nagel*

Eine wunderschöne Garnitur hat 221 107 am 3. Juni 1973 am Haken. Mit einem TEE-Speisewagen und blauen 1.Klasse-D-Zugwagen ist sie zwischen Friedrichshafen und Ulm auf der württembergischen Südbahn unterwegs. *Foto: Heinz Skrzypnik*

Bw Villingen

Wer denkt im Zusammenhang mit der Baureihe V 200 nicht gleich an die Schwarzwaldbahn, einer der schönsten Hauptbahnen der DB? Auch beim Bw Villingen brachte die V 200.1 die nötige Entlastung der bis an die Grenze ihrer Leistungsfähigkeit vor schweren Zügen eingesetzten V 200.0. Zwischen Hausach und Sommerau war laut Streckenliste der BD Karlsruhe zuletzt die zulässige Anhängelast der V 200.1 gegenüber der älteren Schwester um 125 t höher: Die Grenzlast der V 200.1 lag bei 610 t, die der V 200.0 bei 485 t. Hatte nun die V 200.1 die gleiche Anhängelast wie die V 200.0 zu bewältigen, so konnten kürzere Fahrzeiten erzielt werden. Bei gleichen Fahrzeiten und gleicher Anhängelast andererseits war der Verschleiß bei der V 200.1 geringer.

Zunächst wurden die neuen Loks in den bestehenden V 200.0-Plänen eingesetzt. Erst zum Sommerfahrplan 1965 wurde ein viertägiger Umlaufplan mit einer Gesamtlaufleistung von 1345 km aufgestellt, was nicht viel ist, verglichen mit den V 200.0, deren planmäßige Tages-Spitzenkilometer, die von einer Lok gefahren wurden, in diesem Jahr bei 615 km lagen. Neben Villingen stellten die Bw Radolfzell und Haltingen die Lokführer. Wendebahnhöfe waren Singen, Radolfzell, Konstanz, Waldshut, Immendingen, Basel Bad Bf. und Tuttlingen.

Im darauffolgenden Winterfahrplan wurden im Laufplan 41.01 mit fünf Plantagen und durchschnittlich 621 km/Tag die Tageslaufleistungen der Baureihe V 200.0 erreicht. Als Personaleinsatz-Bw kam Stuttgart hinzu. Der Schwerpunkt des Einsatzes lag im Reisezugverkehr auf der Schwarzwaldbahn, der Hochrheinstrecke und der Gäubahn. Von Stuttgart aus wurden Fülleistungen nach Backnang und Weil der Stadt gefahren.

Zum Sommerfahrplan 1968 wurde erstmals von Stuttgart aus planmäßig Nürnberg erreicht. Gemeinsam mit der jetzt als Baureihe 220 bezeichneten V 200.0, die schon seit 1960 von Stuttgart aus über Nürnberg hinaus nach Bayreuth und Schirnding fuhr, sorgte sie für eine weitere Verdrängung der Baureihe 01 aus dem Schnellzug-

V 220 139 war zwar nach der Abnahme dem Bw Kempten zugeteilt, aber schon knapp vier Monate später nach Villingen umstationiert worden. Am 16. April 1967 präsentiert sie sich in Stuttgart Hbf in voller Schönheit. *Foto: Rudolf Potelicki*

V 200 und Schwarzwaldbahn, diese Begriffe gehören zusammen. Wegen der Vorbereitungen zur Elektrifizierung präsentierte sich die Strecke 1975 als eine große Baustelle. Im Juli 1975 ist 221 103 in Niederwasser mit dem D 509 unterwegs.
Foto: Manfred Oberg

Gemeinsam bringen 221 149 und eine 220 ihren Zug zwischen Hausach und Nußberg über den Berg. *Foto: DB*

dienst zwischen Schwaben- und Frankenmetropole. Östlich von Nürnberg wurden die Züge in der Regel weiterhin mit 01 bespannt. Die Fahrzeiteinsparungen zwischen Nürnberg und Stuttgart ließen sich sehen. Vergleicht man die Fahrzeiten des D 148, der im Winter 1967/68 noch mit einer 01 bespannt war, mit den Fahrzeiten, die die 221 im Sommer 1968 erbrachte, so brauchte die 01 drei Stunden und 14 Minuten, während die 221 für den gleichen Zug bei einer Last von 350 t nur zwei Stunden 32 Minuten benötigte, eine Einsparung von respektablen 42 Minuten auf 190 km.

Durch die Übernahme zweier Loks aus Kempten ergab sich eine Ausweitung des Laufplans auf 13 Tage im Sommerfahrplan 1972, in dem auch das Einsatzgebiet erneut erweitert wurde: Von Stuttgart aus wurden Leistungen über Nürnberg hinaus nach Kirchenlaibach, Bayreuth und Schirnding erbracht. Das Bw Nürnberg Hbf kam aus diesem Grund als Personaleinsatz-Bw hinzu. Um Stuttgart wurden Fülleistungen nach Kornwestheim, Böblingen, Ludwigsburg, Backnang, Winnenden und Tübingen erbracht.

Ab Sommer 1973 wurde Hof als Wendebahnhof erreicht. Wie schon beschrieben, wurden vorher mit der Kemptener 221 142 Lokführerschulungen durchgeführt. Der D 750/751, der einst als Dampfzug mit einer Nürnberger 18.6 und dann mit einer Hofer 01 bespannt war, lief ab/bis Stuttgart mit einer 221. Allerdings kamen schon in den Monaten vor dem Fahrplanwechsel vereinzelt 221er von Nürnberg über Lichtenfels nach Hof. Verständlich, daß die an der »Schiefen Ebene« postierten Eisenbahnfreunde sich ärgerten, wenn schon wieder statt ihrer geliebten 01 ein »Dieselstinker« vor dem Zug war und sie daher nicht auf den Auslöser drückten.

Am 09.05.1974 ereignete sich jener folgenschwere Unfall, der zur Ausmusterung der ersten 221 führte: Unmittelbar am Einfahrsignal des Bf Villingen stieß die Lz fahrende 221 148, die in Schwenningen einen Zug holen sollte, mit 052 839 frontal zusammen. Letztere war mit einem Leergüterzug aus Fz -Wagen unterwegs. Die Dampflok schob sich mit dem Kessel regelrecht in die Diesellok. Die beiden Lokführer wurden schwer verletzt, der Heizer wurde pensioniert und starb später an den Unfallfolgen. 221 148 wurde am 01.10.74 laut Verfügung HVB 23.231a Faul 744 vom 02.09.74 ausgemustert und im Mai 1975 verschrottet. Die Dampflok wurde am 18.09.74 ebenfalls ausgemustert.

Im August 1977 traf 221 107 in Lindau mit Elloks aus der Schweizer und Österreichischen Nachbarschaft zusammen. *Foto: Manfred Oberg*

In Hausach stand am 02.02.1972 die 221 149 bereit um schwere Züge über den Schwarzwald nachzuschieben. Die in Richtung Singen ausfahrende 220 039 kam ohne ihre Hilfe zurecht. *Foto: Wieland Proske*

Im Sommer 1974 umfaßte der Laufplan immer noch 13 Tage. Die durchschnittliche Laufleistung lag mit 723 km nicht wesentlich über der der Vorjahre, die Spitze lag bei 986 km am Tag.

Zum Sommerfahrplan 1975 konnte der 221-Umlauf durch Zugänge aus Kempten auf 22 Plantage erheblich ausgeweitet werden. Im Juli waren die letzten Kemptener 221er eingetroffen, wodurch auch genügend Reserveloks verfügbar waren. Es ergab sich ein neuer Schwerpunkt in den Direktionsbezirken Stuttgart und Nürnberg. Als Wendebahnhöfe kamen nun Crailsheim, Heilbronn, Ansbach, Hersbruck r.d. Pegnitz, Nürnberg Dutzendteich (Abstellfahrten), Nürnberg Rbf, Bamberg, Kulmbach, Lichtenfels und Neuenmarkt-Wirsberg hinzu. Die Loks waren damit zwischen der tschechischen (Schirnding), französischen (Kehl) und schweizerischen Grenze (Schaffhausen) unterwegs. Dabei wurden neben D-Zügen auch die als Ergänzung zum IC-Netz konzipierten DC-Züge befördert.

Am 28.08.75 wurde auf der Schwarzwaldbahn Offenburg–Villingen der elektrische Betrieb aufgenommen. Für die Baureihe 220 und 221 schien das Ende der Einsätze auf ihrer früheren Stammstrecke gekommen. Doch während die sieben letzten Schwarzwald-220er ihre Reise ins neue Heimat-Bw Oldenburg antreten mußten, wirkte sich die Elektrifizierung auf den 221-Bestand noch nicht aus. Ab Oktober 1975 kehrten die 221er sogar wieder zurück! Die Elektrifizierung war auf Teilen der Strecke nur ein Provisorium und die Nacharbeiten zogen sich noch über Monate hin. So fuhren ab 20.00 Uhr alle Züge mit 221 oder 221-Vorspann.

Im Plandienst verschob sich das Einsatzgebiet. Zentrum der Einsätze ab Winter 75/76 wurde Stuttgart, von wo aus die 221er nach Süden auf der Gäubahn und nach Nordosten über Nürnberg liefen. In Villingen wurden Züge in Richtung Singen, die mit 139ern aus Offenburg kamen, für die Weiterfahrt über den noch nicht elektrisch befahrbaren Abschnitt auf 221 umgespannt.

Ein interessanter französischer Postwagen lief im Zug 2256 zwischen Konstanz und Offenburg. 221 141 legte sich im März 1976 bei Aufen mit ihm in die Kurve. *Foto: Manfred Oberg*

Vor Crailsheim treffen die zweigleisige Strecke aus Ansbach und die eingleisige Linie aus Lauda zusammen. 221 101 befand sich am 01.06.1975 auf dem Weg nach Stuttgart. *Foto: Heinz Werner*

Zu den Aufgaben der Villinger 221 gehörte auch die Bespannung der DC-Züge zwischen Nürnberg und Stuttgart. Einen solchen hat im Herbst 1973 221 102 am Haken, als sie sich bei Zumhaus in die Kurve legt. *Foto: Jürgen Krantz*

1976 wurden die ersten 221er in Richtung Norden abgezogen, dennoch wurden in diesem Jahr mit 4.087.700 km die höchsten Jahreslaufkilometerleistungen der Baureihe 221 beim Bw Villingen erreicht. Im Winter 1976/77 enthielt der Laufplan nur noch 14 Tage, ab 27.01.1977 nur noch 12, gegenüber noch 19 Tagen im Sommerfahrplan 1976. In der BD Nürnberg wurden einige Leistungen von Regensburger 218ern übernommen. 221 102 verließ am 23.01.1977 das Bw Villingen in Richtung Oldenburg, sie war dort die erste 221.

Mit dem Ende des Winterfahrplans 1976/77 endeten die 221-Leistungen nordöstlich von Stuttgart. 221 104 erreichte mit DC 961/D 754 am 21.05.1977 als letzte 221 planmäßig Nürnberg. Diese Züge wurden ab dem nächsten Tag mit zwei 218 des Bw Regensburg bespannt. Seither domi-

Mit einer hauptsächlich aus tschechischen Wagen bestehenden Garnitur durcheilte 221 105 am 28.08.1976 den Bahnhof Nürnberg Ost. *Foto: Gerhard Hörl*

221 108 hat am 16.06.1976 mit E 2651 unter Fahrdraht Lichtenfels erreicht. Nur noch wenige Kilometer, dann zweigt sie auf die nicht elektrifizierte Strecke nach Hof ab. *Foto: Rudolph Potelicki*

Am 10. September 1977 hat 221 103 den DC 481 »Schweizerland« am Haken, als sie am ehemaligen Hp Wildpark durch die Stuttgarter Wälder bergwärts fährt. *Foto: Thomas Estler*

221 125, hier am 02.03.1974 mit D 570 bei der Einfahrt nach Donaueschingen, hatte einige Zeit ihre Nummer auch an den Stirnseiten oberhalb des DB-Emblems angebracht.
Foto: Manfred Oberg

An der Tankstelle im Bw Villingen werden im April 1974 die Vorräte der 221 107 ergänzt. *Foto: Manfred Oberg*

niert die Baureihe 218 vor Eil- und D-Zügen auf nicht elektrifizierten Hauptbahnen in Franken, in der Oberpfalz und in Niederbayern.

In dem nur noch 11-tägigen Laufplan des Sommers 1977 mit durchschnittlich 587 km je Plantag wurden folgende Wendebahnhöfe erreicht: Stuttgart (DC 480/483 »Hegauland«, DC 482/481 »Schweizerland«, Konstanz, Eutingen/Gäu, Friedrichshafen, Horb, Radolfzell, Schaffhausen, Singen (Hohentwiel) und natürlich Villingen. Seit dem Ende der Beheimatung in Kempten fuhren 221er wieder zwischen Friedrichshafen und Ulm. Der Sg 55981 Horb–Singen wurde planmäßig in Doppeltraktion gefahren.

Mit dem Ende der Fahrplanperiode am 24. September 1977 endete die Beheimatung der Baureihe 221 in Villingen. Grund war die Eröffnung des elektrischen Betriebs zwischen Villingen und Konstanz sowie auf der Gäubahn. Schon ab 23.09.1977 entfielen einige Leistungen auf der

Einen traurigen Anblick bot 221 148 nach ihrem Unfall. Dennoch waren die Schäden nichts im Verhältnis zu den Verletzungen der betroffenen Eisenbahner. *Foto: Manfred Oberg*

Gäubahn, beispielsweise der D 384, die von 110ern übernommen wurden. An diesem Tag verkehrte auch ein erster Lokzug mit der Nummer 83486 von Villingen nach Gelsenkirchen-Bismarck, bestehend aus 221 104 und 105.

Der DC 483 nach Stuttgart erhielt am 23.09.1977 wegen Überlast zusätzlich zur planmäßigen 221 noch eine 215 als Vorspann. Die letzte 221 in Stuttgart kam am 24.09.1977 mit dem DC 480 an. Es handelte sich um 221 122, die dann Lz nach Crailsheim fuhr und dort übernachtete. In Crailsheim wurde 221 122 am nächsten Tag mit 221 121 und 136, die nach Militärzugleistungen aus Ulm kamen, sowie mit 212 369, 362 und 064 vereinigt. Dieser Dsts 80486 wurde in Miltenberg um 221 101 und 103 erweitert, die am frühen Morgen des Vortages Villingen verließen und über

Freie Fahrt, vorbei an glücklichen Kühen. Maistimmung bei Grünningen 1976. *Foto: Manfred Oberg*

Zur letzten Parade haben sich 221 123, 101, 107 und 136 am 08. August 1977 vor dem Villinger Diesellokschuppen versammelt. *Foto: Manfred Oberg*

Stuttgart–Osterburken nach Miltenberg fuhren. 221 106, die tags zuvor mit einem Militärzug nach Lauda kam, gesellte sich ebenfalls dazu. Die 212er wurden in ihren neuen Heimatbetriebswerken Hanau und Darmstadt abgehängt, die Fahrt der 221er ging weiter über Gelsenkirchen-Bismarck, wo 221 101 und 103 abgehängt wurden, nach Rheine.

Soweit nicht einzelne Leistungen bereits vor Planwechsel von Elloks erbracht wurden, fuhren die restlichen neun Loks am 24.09.1977 noch im planmäßigen Einsatz, bevor sie nach Oldenburg gingen.

Insgesamt hatte sich die Baureihe 221 in ihren Einsätzen beim Bw Villingen bewährt. Zusammengerechnet fuhren die Villinger V 200.1/221 in den Jahren 1964 bis 1977 35.538.000 Kilometer.

Getriebe und Motoren konnten in Villingen getauscht werden. Untersuchungen der Schadgruppe U1 wurden jedoch bis 1975 in Kempten durchgeführt. Zum Abdrehen der Radsätze mußten die Loks nach Kornwestheim.

Für sieben Villinger 221er, hier auf dem Hornberger Reichenbachviadukt, hieß es am 29. Mai 1977 Abschied vom Schwarzwald nehmen. *Foto: Manfred Oberg*

An Sondereinsätzen seien die Bespannung des Jubiläumszugs zum 100-jährigen Streckenjubiläum der Schwarzwaldbahn am 07.11.1973 durch 221 124 genannt sowie ein Sonderzug mit zwei Salonwagen der DB zur Waggonfabrik SIG im schweizerischen Neuhausen, den 221 101 zog. Diese Fahrt hatte die GV Tübingen für Vertreter von Industrie und Behörden organisiert.

Stationierungsübersicht

Lok		aus	von	bis	nach
V 200/221	101	Kempten	27.01.71	24.09.77	Gelsenkirchen-Bismarck
V 200/221	102	Kempten	13.04.71***	24.08.72	Kempten**
		Kempten	11.09.73	23.01.77	Oldenburg
V 200/221	103	Kempten	15.05.74	24.09.77	Gelsenkirchen-Bismarck
V 200/221	104	Kempten	15.05.74	24.09.77	Gelsenkirchen-Bismarck
V 200/221	105	Kempten	15.03.75	25.09.77	Gelsenkirchen-Bismarck
V 200/221	106	Kempten	29.03.75	24.09.77	Oldenburg
V 200/221	107	Kempten	07.04.75	24.09.77	Oldenburg
V 200/221	108	Kempten	26.04.75	24.09.77	Oldenburg
V 200/221	121	Abnahme	08.12.64	24.09.77	Oldenburg
V 200/221	122	Abnahme	10.12.64	24.09.77	Oldenburg
V 200/221	123	Abnahme	21.12.64	24.09.77	Oldenburg
V 200/221	124	Abnahme	31.12.64	24.09.77	Oldenburg
V 200/221	125	Abnahme	12.01.65	24.09.77	Oldenburg
V 200/221	126	Abnahme	27.01.65	05.07.72	Kempten
		Kempten	13.07.72	24.09.77	Oldenburg
V 200/221	127	Abnahme	04.02.65	24.09.77	Oldenburg
V 200/221	136	Kempten	10.05.75	24.09.77	Oldenburg
V 200/221	137	Kempten	10.05.75	21.05.77	Oldenburg

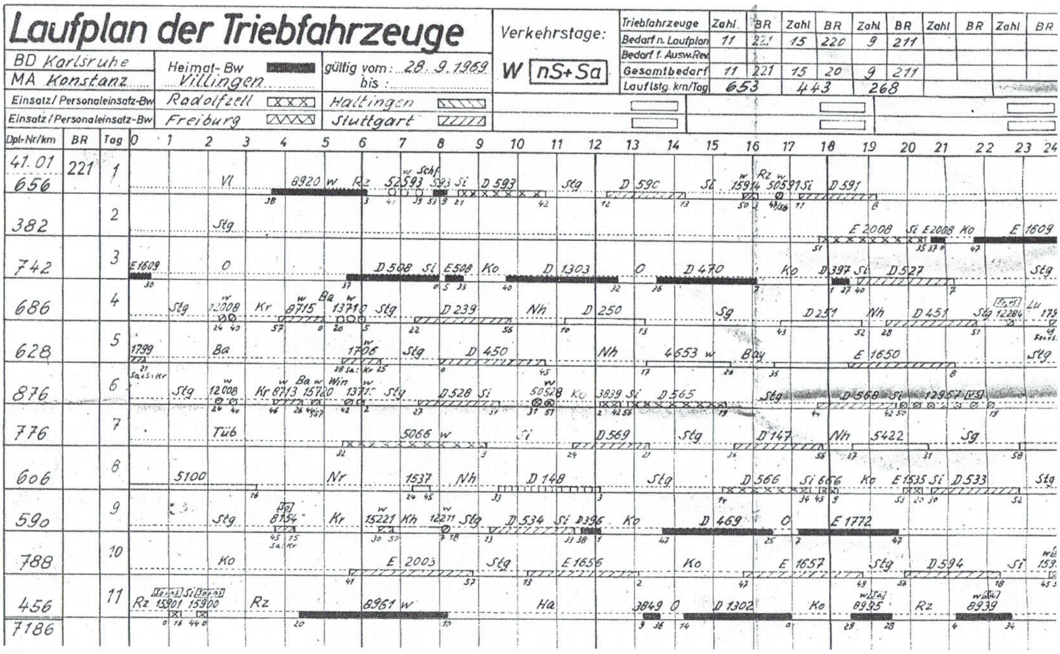

Laufplan für die BR 221 beim Bw Villingen, Winterfahrplan 1969/1970. Für 11 Umlauftage standen 13 Maschinen zur Verfügung, die Tagesleistung lag bei 876 Kilometern! *Abbildung: Sammlung Manfred Oberg*

Lok		aus	von	bis	nach
V 200/221	138	Kempten	21.05.75	23.01.77	Oldenburg
V 200/221	139	Kempten	06.10.65	23.01.77	Oldenburg
V 200/221	140	Kempten	06.06.75	23.01.77	Oldenburg
V 200/221	141	Kempten	31.05.75	10.12.76	Oldenburg
V 200/221	142	Kempten	15.06.75	15.11.76	Oldenburg
V 200/221	143	Kempten	12.06.75	25.09.76	Oldenburg
V 200/221	144	Abnahme	17.07.65	25.09.76	Oldenburg
V 200/221	145	Abnahme	30.07.65	25.09.76	Oldenburg
V 200/221	148	Abnahme	01.09.65	30.09.74	Ausmusterung
V 200/221	149	Abnahme	10.09.65	14.08.76	Oldenburg
V 200/221	150	Abnahme	29.09.65	29.05.76	Oldenburg

* *War leihweise in Villingen beheimatet*

** *Wurde leihweise abgegeben*

*** *Nach anderen Quellen ab 01.03.1971*

Bw Hamburg-Altona

Die Beheimatung der V 200.1 in Hamburg war nur eine kurze Episode. Auf Wunsch der BD Hamburg bekam das Bw Hamburg-Altona, das damals neben Schnellzugdampfloks unter anderem bereits Dieseltriebfahrzeuge der Baureihen VT 08, VT 11 und V 200.0 unterhielt, vier neugelieferte V 200.1, zu denen sich noch drei Loks aus Lübeck gesellten. Gemeinsam mit den Dampfloks der Baureihe 03 und den V 200.0 fuhren sie Schnellzüge.

Besondere Beachtung verdienen die Durchläufe der Altonaer V 200.1 vor F-Zügen bis nach Dortmund. Diese Leistungen wurden zwar nach der Eröffnung des elektrischen Betriebs zwischen Münster und Osnabrück zum Winterfahrplan 1966/67 auf den Abschnitt Kiel–Osnabrück gekürzt, es blieb aber trotz allem ein beachtlicher Langlauf. In diesen Plänen wurden die höchsten planmäßigen Tageskilometerleistungen der Baureihe V 200.1 überhaupt erreicht.

Angefahren wurden neben diesen Leistungen in Richtung Ruhrgebiet im Norden Kiel, Puttgarden, Flensburg, Flensburg Weiche, Westerland, Lübeck, Hamburg Hbf, Hamburg Eidelstedt und natürlich Hamburg Altona.

Laufplan Nr. 41.01 gültig ab 30.09.1966
Verkehrstage: Di–Fr

Tag 1 (1186 km):
F4 »Merkur« Hamburg Altona 06.39–09.40 Osnabrück
F1 »Hanseat« Osnabrück 10.06–13.49 Kiel
F2 »Hanseat« Kiel 16.10–19.52 Osnabrück
F3 »Merkur« Osnabrück 20.29–23.07 Hamburg Altona

Tag 2 (419 km):
16637 Hamburg Altona 07.21–07.34 Hamburg Eidelstedt
6863 Hamburg Eidelstedt 8.27–12.38 Flensburg-Weiche
14195 Flensburg-Weiche 13.03–13.08 Flensburg
146 Flensburg 17.23–19.53 Hamburg Hbf
86878 Hamburg Hbf 20.05–20.09 Hamburg Hgbf
6221 Hamburg Hgbf 21.27–22.57 Lübeck Hbf

Tag 3 (756 km)
5084 Lübeck Hbf 0.40–1.52 Hamburg Hbf
12563 Hamburg Hbf 02.21–02.25 Hamburg Hgbf
3400 Hamburg Hgbf 03.42–03.58 Hamburg Harburg
2203 Hamburg Harburg 04.25–04.39 Hamburg Hbf
145 Hamburg Hbf 08.30–10.50 Flensburg
392 Flensburg 12.39–15.04 Hamburg Hbf

Diese seltene Farbaufnahme zeigt die Hamburger V 200 130 am 12. August 1965 mit dem »Gambrinus« bei der Ausfahrt aus Münster. Bei dem Aufkleber am hinteren Führerstand dürfte es sich um ein Werbeplakat für die IVA in München gehandelt haben.
Foto: Rudolf Potelicki

151 Hamburg Hbf 18.30–20.46 Flensburg
16278 Flensburg 23.00–23.06 Flensburg-Weiche
5502 Flensburg-Weiche 23.33 -

Tag 4 (731 km):
5502–02.28 Hamburg Eidelstedt
5304 Hamburg Eidelstedt 02.53–03.15 Hamburg Hbf
5303 Hamburg Hbf 03.50–04.04 Hamburg Altona
99 Hamburg Altona 06.42 -09.10 Flensburg
152 Flensburg 10.37–12.54 Hamburg Hbf
393 Hamburg Hbf 15.00–17.16 Flensburg
100 Flensburg 20.41–23.07 Hamburg Altona

Im Jahr 1967 gab es im Fahrzeugbestand des Bw Hamburg-Altona interessante Verschiebungen: In der ersten Hälfte des Jahres 1967 kamen elf ölgefeuerte 01.10 aus Kassel, denen im Jahr 1968 nochmals zehn folgten. Auf den Bestand der Baureihe 03 in Altona wirkte sich das kaum aus – für sie bestand im Sommer 1967 ohnehin nur noch ein zweitägiger Plan. Im Mai 1967 wurden allerdings die V 200.1 nach Lübeck abgegeben, wogegen die V 200.0 noch bis 1972 in Altona blieben. Ein Zusammenhang zwischen der Beheimatung der 01.10 und dem Abzug der V 200.1 ist insofern schlüssig, als für die neu zugeteilten Dampfloks Werkstattkapazitäten freigemacht werden mußten.

Starker Andrang herrschte am 14.05.1963 bei der Einweihung der Vogelfluglinie auf der Fehmarnsundbrücke. Die festlich geschmückte V 200 113 durfte den Eröffnungszug ziehen.
Foto: DB

Auch waren durch die Elektrifizierung die »Paradeleistungen« nach Südwesten entfallen und das Einsatzgebiet im hohen Norden überschnitt sich ohnehin mit dem der Lübecker Maschinen. Nach dieser Umstationierung beheimatete in der BD Hamburg das Bw Lübeck die Baureihe V 200.1 und Hamburg-Altona die V 200.0. Dennoch wurden bis 1971 alle U1-Arbeiten an Lübecker 221 in Hamburg-Altona ausgeführt.

Stationierungsübersicht

Lok		aus	von	bis	nach
V 200	128	Lübeck	25.09.66	27.05.67	Lübeck
	129	Abnahme	22.06.65	12.09.67	Lübeck
	130	Lübeck	22.06.65	27.05.67	Lübeck
	131	Abnahme	09.03.65	27.05.67	Lübeck
	132	Abnahme	16.03.65	27.05.67	Lübeck
	133	Abnahme	30.03.65	27.05.67	Lübeck
	134	Abnahme	08.04.65	27.05.67	Lübeck

Bw Lübeck

Der Beginn der Beheimatung in Lübeck ist umstritten: bereits im Januar 1963 soll die Kemptener V 200 106 leihweise zu Schulungszwecken in Lübeck beheimatet gewesen sein. Das erscheint insofern zweifelhaft, als die Lok erst am 01.02.63 abgenommen wurde und dann bis 07.03.63 als Leihlok in Villingen gewesen sein soll. Andererseits bekam Lübeck an diesem Tag die V 200 109 fest zugeteilt. Es ist sehr wahrscheinlich, daß vor der festen Stationierung von V 200.1 eine Lok zur Schulung in Lübeck war. Ob und wenn ja welche, ließ sich weder anhand der Betriebsbücher noch vor Ort klären.

Der V 200.1-Bestand wuchs innerhalb von zwei Monaten auf elf Loks an, mit denen zunächst Schulungsfahrten und Sonderleistungen erbracht wurden, bis am 14.05.1963 mit V 200 113 die Vogelfluglinie offiziell dem Verkehr übergeben wurde. Neun Tage später kam als Nachzügler noch V 200 120, womit für die nächsten knapp zwei Jahre 12 Loks in Lübeck stationiert waren.

Die Maschinen liefen in erster Linie vor hochwertigen Reisezügen auf den Verbindungen Hamburg–Lübeck–Puttgarden, Hamburg–Hannover so-

221 113 wartet in Puttgarden auf ihren nächsten Einsatz. Auf diesem Bild vom August 1975 ist auch die Topfantenne für den Zugbahnfunk gut zu erkennen. *Foto: Wieland Proske*

wie Hannover–Lüneburg–Lübeck–Puttgarden. Daneben existierten noch Leistungen vor Güterzügen mit Zielen in Dänemark von Hamburg-Eidelstedt Rbf über Neumünster–Ascheberg–Eutin–Neustadt (Holst.) nach Puttgarden. Die Leistungen zwischen Hamburg und Hannover bestanden bis März 1965, dem Zeitpunkt der Eröffnung des elektrischen Betriebs. Teilweise überschnitt sich damit das Einsatzgebiet mit dem der in Hamburg-Altona stationierten V 200.1.

Der Grund für die etwas umständlich erscheinende Führung der Güterzüge nach Puttgarden, sie bestand bis zur Inbetriebnahme des Rbf Maschen, ergab sich aus folgenden Gründen:

Bis Mai 1963 war über Großenbrode–Gedser wegen fehlender leistungsfähiger Fähranlagen kaum nennenswerter Güterverkehr möglich. Die DSB wollte mit der Eröffnung der Vogelfluglinie die Hauptlast des Güterverkehrs mit Deutschland auf diese legen, um die Verbindung über den großen Belt, einen Engpaß im innerdänischen Schienenverkehr, zu entlasten. Die DB dagegen wollte nur ein Minimum an schnellen Güterzügen über die Vogelfluglinie verkehren lassen. Neben der Tatsache, daß auf der Linie Hamburg–Flensburg–Padborg noch freie Kapazitäten verfügbar waren, befürchtete man eine Überlastung der eingleisigen sogenannten »Bäderstrecke« zwischen Bad Schwartau und

Zum Halt im Kopfbahnhof Neustadt (Holstein) Pbf mußte 221 129 ihren Zug vom Gbf aus zurücksetzen. Im E 3075 läuft unter anderem ein Doppelstockwagen der ehemaligen Lübeck-Büchener Eisenbahn mit. Auf dem Nebengleis ist eine 220 mit N 5128 aus Lübeck angekommen. *Foto: Hermann Nagel*

Neustadt (Holst.). Mit der Führung über die heute abgebauten Strecken Neumünster–Ascheberg und Eutin–Neustadt (Holst.) schuf man einen Kompromiß: Man umging so sowohl den dänischen wie auch den deutschen Engpaß, nämlich den Großen Belt und die Bäderstrecke.

1965 wurden drei Loks nach Hamburg-Altona abgegeben, die jedoch bald zurückkamen. Nach der Übernahme des Altonaer V 200.1-Bestands und durch Neuablieferungen stieg der Bestand beim Bw Lübeck bis 1967 auf 21 Loks an. Der Laufplan konnte auf 16 Plantage ausgeweitet werden. In den folgenden Jahren änderte sich die Zahl der eingesetzten Loks kaum die Anzahl der Plantage variierte allenfalls um einen Tag mehr oder weniger. Im Plan waren neben den genannten Verbindungen nun auch die Strecken von Hamburg nach Flensburg, Osnabrück und Westerland enthalten.

Bereits 1968 entfielen die Leistungen nach Westerland wieder. Sie gingen an die Dampfloks der Baureihe 012 (vorher 01^{10}) des Bw Hamburg-Altona über, deren Bestand durch Maschinen aus Osnabrück aufgestockt worden war.

Wendebahnhöfe waren Lübeck, Kiel, Flensburg, Hamburg, Lüneburg und Puttgaren. Büchen wurde mehrmals täglich von Hamburg-Rothenburgsort mit Güterzügen angefahren. Wegen der Eröffnung des elektrischen Betriebs zwischen Hamburg und Osnabrück entfielen 1968 auch die Leistungen auf dieser Strecke.

Von April 1971 bis Februar 1972 hatte das Bw Flensburg die ersten fabrikneuen, einmotorigen Se-

Im Übergabebahnhof Lübeck-Kucknitz übernahm 221 115 am 19.08.1979 den »Railship-Zug« Sg 51787 nach Hannover-Linden. Er bestand aus umspurbaren Güterwagen, die mit der Fähre aus Finnland gekommen waren. *Foto: Hermann Nagel*

rienloks der Baureihe 218 erhalten (abgesehen von 218 104-106, die an das Bw Regensburg gingen) sowie zu den bereits vorhandenen fünf Maschinen die letzten acht ausgelieferten Loks der Baureihe 215. Lübeck erhielt erstmals Loks der Baureihe 220. In der Folge endeten 1972 die Leistungen der Baureihe 221 nach Flensburg und Kiel. Dagegen kann die Bespannung des TEE 34/35 »Merkur« zwischen Hamburg und Puttgarden ab Sommerfahrplan 1974 als ein letzter Höhepunkt in der Geschichte der Lübecker 221er gewertet werden. Ein Einsatz der Baureihe 218 und Wagen mit ausschließlich elektrischer Heizung konnte nicht erfolgen, weil sich bei Tests zeigte, daß der Heizgenerator der Lok die Fahrstraßenfernsteuerung des Abschnitts Bad Schwartau–Puttgarden störte.

Ab Winterfahrplan 1974/75 wurden zwischen Hamburg und Büchen einige Schnellzüge erstmals mit 221 bespannt. 1975 wuchs der Lübecker 221-Bestand durch die Zuteilung der 221 135 auf nunmehr 22 Loks.

Zum Winterfahrplan 1977/78 setzte das Bw Lübeck seine 221er zusammen mit den aus Hamburg-Altona übernommenen Loks der Baureihe 218 in einem neuntägigen Mischplan ein. Der Anteil der Baureihe 221 in diesem Plan lag meist bei sechs Maschinen. Daneben existierte noch ein reiner 221-Umlaufplan mit fünf Plantagen (wobei die durchschnittliche Tageskilometerleistung, bei einem Maximum von 861 und einem Minimum von 701 km) bei 754 km lag. Mit Ende dieser Fahrplanperiode war der planmäßige Einsatz der Bau-

Schwer zu kämpfen hatte die Bahn Anfang 1979 mit den Schneemassen. 221 147 ist das deutlich anzusehen, die am 14.02.1979 mit ihrem Pendelzug aus Kiel in Eutin angekommen ist. *Foto: Horst Ebert*

reihe 221 in Lübeck vorerst abgeschlossen. Grund war die Einführung der elektrischen Zugheizung auf der internationalen Verbindung von Hamburg über Puttgarden nach Dänemark. Dies war ohnehin überfällig, war diese doch eine der letzten internationalen Verbindungen, auf der die Züge noch mit Dampf geheizt wurden. Die Störungen durch den Heizgenerator der 218 hatte man inzwischen im Griff.

Zunächst war geplant, die 221 109–120 sofort nach Gelsenkirchen-Bismarck zu verlegen. Letztlich blieben 221 114 bis 120 vorerst doch noch in Lübeck. In Oldenburg waren Lübecker 221er im Sommer leihweise eingesetzt, doch konnten die Nummern nicht mehr festgestellt werden. Die in Lübeck verbliebenen Loks setzte man in Sonderdiensten ein. Dazu zählte auch die Beförderung planmäßiger Reisezüge. Häufig waren die D 438/439 und D 1430/1431 mit 221 bespannt. Unter Eisenbahnfreunden, die nach der Ausmusterung der letzten Dampfloks nun doch noch eine gewisse Liebe zur 221 entdeckt hatten, kursierten Gerüchte, die DB wolle die 221er mit elektrischer Zugheizung ausrüsten und dann wieder auf der Vogelfluglinie einsetzen. Dies geschah jedoch nicht.

Eine kurze Renaissance erlebten die Lübecker 221er, als nochmals ein ab 02.08.1978 gültiger, 4-tägiger Umlauf aufgestellt wurde. Er enthielt Reisezugleistungen auf den Strecken Hamburg–Büchen und der Vogelfluglinie (darunter IC 135) sowie einige Güterzugleistungen um Hamburg. Der Grund war der Mangel an Loks der Reihe 218 in Lübeck. Fabrikneue 218er, die in den folgenden Monaten in Lübeck eintrafen, behoben diesen Engpaß, weshalb zum Winterfahrplan 1978/79 kein neuer Umlaufplan für die Baureihe 221 aufgestellt wurde. 221 114, 116, 118, 120, 129 und 131 fuhren zusammen mit 220 020 und 022 am 30.09.1978 als Dsts 80463 nach Bremen/Oldenburg. Da 221 119 und 130 nicht bei dieser Überführungsfahrt dabei waren, liegt die Annahme nahe, daß sie sich bereits als Leihloks in Oldenburg befanden. 221 117 ging direkt von Oldenburg aus, wo sie Leihlok war, gemeinsam mit 221 114 und 116 nach Gelsenkirchen-Bismarck. Die übrig gebliebenen Loks erbrachten vielfältige Sonderleistungen, darunter den in jedem Sommer dreimal verkehrenden Sonderzug »Sylter Welle« von Lübeck nach Westerland sowie Sonderzüge von Lübeck nach Büsum über Neumünster–Heide. Oft konnte man auch 221er vor Kohlezügen für das Kraftwerk Kiel-Oppendorf beobachten. Diese Züge erhielten zwischen Meimersdorf Rbf und Oppendorf an jedem Ende eine Lok, da der Zug auf diesem Abschnitt mehrfach die Fahrtrichtung ändern mußte. Meist war mindestens eine 221 dabei. Diese Lok blieb in der Regel eine Woche in Kiel und wurde freitags getauscht. Oft kam es auch zu einem 221-Leervorspann vor den 220-geführten Eilzügen 3650 und 3163 von bzw. nach Lübeck, teils wurden diese Züge von einer 221 allein gezogen. Drei 221er standen der Oberzugleitung Hamburg als Dispo-Loks zur Verfügung. Auch konnte man zwischen 1978 und 1980 häufig eine 221 in 220er-Plänen »wildern« sehen. So z.B. auf der damaligen KBS 145 vor den Eilzügen 3650/3163/3180 und 3659. Dies waren die letzten Einsätze vor planmäßigen Personenzügen in Lübeck. Bei der Schneekatastrophe 1979 bewährte sich die Baureihe 221 gut.

221 110 passierte am 12.02.1978 mit Dg 55240 von Hamburg-Eidelstedt nach Puttgarden das Einfahrsignal des Bf Eutin.

Foto: Horst Ebert

Der »Starzug« TEE 34 am 05. September 1975 bei der Einfahrt nach Lübeck Hauptbahnhof. Zwar gab es schon etwa 200 Loks der Baureihe 218 mit elektrischer Zugheizung, doch störten diese die Achszählkreise auf der Vogelfluglinie. *Foto: Hermann Nagel*

Häufig waren die Lübecker 221er auch vor Militärzügen eingesetzt. Lütjenburg, Endbahnhof der von Malente-Gremsmühlen ausgehenden und seit 1976 für den Personenverkehr stillgelegten Nebenbahn, erreichten sie fast wöchentlich.

Zum Sommerfahrplan 1980 hieß es in Lübeck endgültig Abschied von der 221 zu nehmen, wofür die Eisenbahnfreunde des Vereins Lübecker Verkehrsfreunde e.V. mit einer Sonderfahrt einen würdigen Rahmen schufen. Die Abschiedsfahrt mit 221 147 ging am 24. Mai 1980 noch einmal über die hauptsächlich befahrenen Strecken: Lübeck–Puttgarden–Eutin–Malente–Lütjenburg–Malente–Plön–Kiel–Neumünster–Hamburg–Lübeck.

Stationierungsübersicht

Lok	aus	von	bis	nach
V 200/221 109	Abnahme	07.03.63	25.05.78	Gelsenkirchen-Bismarck
V 200/221 110	Abnahme	14.03.63	25.05.78	Gelsenkirchen-Bismarck
V 200/221 111	Abnahme	16.03.63	25.05.78	Gelsenkirchen-Bismarck
V 200/221 112	Abnahme	21.03.63	25.05.78	Gelsenkirchen-Bismarck

Lok	aus	von	bis	nach
V 200/221 113*	Abnahme	06.04.63	25.05.78	Gelsen-kirchen-Bismarck
V 200/221 114	Abnahme	05.04.63	30.09.78	Gelsen-kirchen-Bismarck
V 200/221 115	Abnahme	06.04.63	31.05.80	Gelsen-kirchen-Bismarck
V 200/221 116	Abnahme	20.04.63	30.09.78	Gelsen-kirchen-Bismarck
V 200/221 117	Abnahme	24.04.63	30.09.78	Gelsen-kirchen-Bismarck
V 200/221 118	Abnahme	30.04.63	30.09.78	Oldenburg
V 200/221 119	Abnahme	11.05.63	30.09.78	Oldenburg
V 200/221 120	Abnahme	23.05.63	30.09.78	Oldenburg
V 200/221 128	Abnahme	19.02.65	24.09.66	H.-Altona
	H.-Altona	28.05.67	23.05.80	Gelsen-kirchen-Bismarck

Lok	aus	von	bis	nach
V 200/221 129	Abnahme	20.02.65	21.06.65	H.-Altona
	H.-Altona	13.09.67	30.09.78	Oldenburg
V 200/221 130	Abnahme	27.02.65	21.06.65	H.-Altona
	H.-Altona	28.05.67	30.06.78	Oldenburg
V 200/221 131	H.-Altona	28.05.67	30.09.78	Oldenburg
V 200/221 132	H.-Altona	28.05.67	31.05.80	Gelsen-kirchen-Bismarck
V 200/221 133	H.-Altona	28.05.67	31.05.80	Gelsen-kirchen-Bismarck
V 200/221 134	H.-Altona	28.05.67	31.05.80	Gelsen-kirchen-Bismarck
V 200/221 146	Abnahme	05.08.65	31.05.80	Gelsen-kirchen-Bismarck
V 200/221 147	Abnahme	10.09.65	31.05.80	Gelsen-kirchen-Bismarck

** nach Ausbesserung eines Unfallschadens*

Der Gegenzug TEE 35 am selben Tag bei Lehnsahn auf der Vogelfluglinie. Selbst im Sommer mußte der Heizkessel laufen, damit die Klimaanlage der ehemaligen Rheingoldwagen funktionierte. *Foto: Hermann Nagel*

Die Zeit in Lübeck neigte sich schon dem Ende zu, als 221 134 mit E 3180 zwischen Eutin und Malente am 09. Mai 1980 in den Frühling fuhr. *Foto: Horst Ebert*

Bw Oldenburg

In Ostfriesland war die Zeit der Dampflokomotiven fast vorbei, als am 30. Mai 1976 die erste 221 eintraf: Durch die Ausmusterung der Baureihen 042, 043 und 044 war ein erheblicher Bedarf an Dieselloks entstanden, weshalb das Bw Oldenburg neben seinen 216ern nun auch die Baureihen 220 (seit 1975) und 221 erhielt.

221 150 diente zunächst der Schulung der Lokführer auf der hier neuen Baureihe, bis ab Winterfahrplan 1976/77 mit den zum Planwechsel aus Villingen eingetroffenen 221 143 bis 145 und der schon am 15.08.1976 eingetroffenen 221 149 der Planbetrieb in einem 3-tägigen Umlauf aufgenommen werden konnte. Er sah nur Güterzugleistungen auf der Emslandstrecke vor. Darunter die Gdg ab Zugnummer 52900, gebildet aus bis zu 50 Wagen Fads 175 mit verstärkter Schraubenkupplung und daher mit weißem Punkt markiert. Diese Züge durften an bestimmten Stellen nicht angehalten werden, da hier die Anfahrzugkraft überschritten worden wäre.

Waren bisher die 4000 t-Züge von zwei Dampfloks der Baureihen 042 oder 043 gezogen worden, so drangen nun vermehrt 221er in diese Dienste ein. War der Zug mit Diesel- und Dampflok bespannt, fuhr normalerweise die Diesellok an der Zugspitze, sehr zum Leidwesen der Fotografen, die hier die letzten Dampfloks der DB erleben wollten. Nach Zuteilung weiterer Loks konnte schon am 06.02.1977 der Umlauf auf neun Tage erweitert werden, gleichzeitig schieden die Dampflokbaureihen 042 und 043 der Betriebswerke Rheine und Emden aus dem Plandienst aus. Die Leistungen blieben auch in diesem Laufplan auf Güterzüge zwischen Rheine und Emden beschränkt. Interessant ist auch, daß in keinem Plantag die Heimat der Loks, Oldenburg, angefahren wurde. Loktäusche zu Fristarbeiten mußten also außerplanmäßig erfolgen, wozu allerdings reichlich Zeit bei Wendeaufenthalten vorhanden war. Überhaupt stand die Baureihe 221 in diesem Laufplan mehr, als daß sie fuhr: In Plantag 2 wurde die höchste Tageslaufleistung mit 582 km erbracht, Plantag 4 steht mit nur 136 km dagegen. Die durchschnittliche Tageslaufleistung lag bei nur 371 km. Scheinbar gab es 1977 doch wieder genug Dieselloks in Oldenburg. Dafür

221 145 und eine 043 durcheilten am 05.10.1976 mit einem Erzzug den Bf Lathen in Richtung Süden – eine Bespannung, die in den letzten Tagen des Dampfbetriebs keinen Eisenbahnfreund begeistern konnte – heute ist das Foto ein Geschichtsdokument.
Foto: Joachim Behrens

Mit einem Leerreisezug am Haken durchfuhr 221 108 am 29.05.1978 den Bf Westbevern an der Strecke Münster–Osnabrück.
Foto: Wieland Proske

221 150 am 14.07.1977 im nördlichen Vorfeld des Bahnhofs Rheine. *Foto: Joachim Behrens*

spricht auch die Tatsache, daß 221 102 schon am 25.09.1977 wieder abgegeben wurde.

Mit der Auflösung des Villinger 221-Bestandes wuchs der des Bw Oldenburg weiter. Ab 1978 wurden mehr und mehr Reisezugleistungen von der Baureihe 220 übernommen. Der 221-Planbedarf im Sommerfahrplan 1978 lag bei 9+1 Loks, die nun auch Bremen und Osnabrück anfuhren. Obwohl dafür 15 Loks verfügbar waren, herrschte im Sommer 1978 Lokmangel. Die Emslandstrecke war noch nicht elektrisch befahrbar, es gab Probleme mit einer Bürgerinitiative, die ein Teilstück einer dafür nötigen 110 kV Versorgungsleitung verhindern wollte und bei der Baureihe 220 gab es die ersten Ausmusterungen. Als Aushilfe kamen 221 des Bw Lübeck leihweise nach Oldenburg.

Der Februar 1979 machte auch den Oldenburger Loks schwer zu schaffen. Züge blieben in den Schneemassen stecken und mußten freigeschaufelt werden.

Im Sommerfahrplan 1979 wurden 17 der insgesamt 28 Oldenburger 221 planmäßig im Laufplan 45.06 eingesetzt.

Das Einsatzgebiet umfaßte nun die Strecken Münster–Rheine–Norddeich Mole, Leer–Oldenburg–Bremen, Rheine–Osnabrück, Bremen–Osnabrück und Oldenburg–Wilhelmshaven. Die höchste Tageslaufleistung lag bei 832 km, das Mittel bei 532 km /Tag.

Der Einsatzbedarf blieb auch im Winter 79/80 konstant. Im Sommer 1980 sank er dann wieder um zwei Loks auf 15 Laufplantage, wurde jedoch im Juli 1980 nochmals um einen Plantag erweitert. Dieser umfaßte Leistungen zwischen Münster und Rheine und war vorher als Plantag 8 im 216/220-Mischplan Nummer 45.03 des Bw Oldenburg enthalten.

Folgende Züge wurden während der letzten Fahrplanperiode beim Bw Oldenburg mit 221 und einer weiteren Lok bespannt:

Bespannung	Zug-Nr.	Laufweg	Verkehrstage
221+221	D 930	Norddeich Mole – Emden	Sa
221+221	E 2730	Emden – Rheine	Sa+So
221+221	Gdg 52916	Emden Rbf – Rheine Rbf	W
221+221	Ng 65651	Rheine Rbf – Leer	Di-Sa
221+221	Lr 33011	Emden – Norden	So
221+220	D 975	Norddeich Mole – Emden	W
221+216	E 3157	Leer – Oldenburg	So
221+212	E 3118	Bremen – Oldenburg	nS
221+216/220*	E 3670	Oldenburg – Osnabrück	So
221+216/220*	Ng 65371	Osnabrück – Quakenbrück	nS

* *Zug mit 221 und 216 oder 220 bespannt, Leistung aus dem 216/220-Mischplan*

Diese Übersicht gibt nicht wieder, welche Lok an der Spitze fuhr. Außer dem Gdg 52916 dienten die Doppelbespannungen dazu, Leerfahrten zu vermeiden.

Mit der Aufnahme des elektrischen Betriebs auf der Emslandstrecke und zwischen Bremen und Oldenburg zum 27.09.1980 endete die Beheimatung der Baureihe 221 in Oldenburg. Der Bestand wurde geschlossen nach Gelsenkirchen-Bismarck abgegeben. Von der Umbeheimatung nicht mehr betroffen war 221 150, die nach einem Auffahrunfall ausgemustert wurde. Sie war am 24.05.1980 im Bf Emden vor einem VW-Zug mit einem anderen VW-Zug zusammengestoßen. Der Lokführer der am Unfall beteiligten 220 038 hatte ein Gleissperrsignal überfahren. Hier führte schon ein relativ geringer Schaden zur Ausmusterung. Noch 1978 hatte man die schwerstbeschädigte 221 141 wieder aufgearbeitet, die am 21.09.1978 in Meppen mit einem Güterzug auf eine Umbauwagengarnitur aufgefah-

Am 01. August 1989, kurz vor Aufnahme des elektrischen Betriebs auf der Emslandstrecke, entstand bei Rheine dieses Foto von 221 126 vor D 815. *Foto: Rudolf Potelicki*

Auch auf der Streck nach Wilhelmshaven waren die Oldenburger 221er zu Hause: Am 01. September 1979 hielt 221 149 mit E 3913 in Sande. *Foto: Hermann Nagel*

Am 19.09.1980, kurz vor Ende beim Bw Oldenburg, hatte 221 145 mit einem Sonderzug Osnabrück Hbf verlassen und passierte die Klöckner Werke. *Foto: Joachim Behrens*

ren war, wobei sich der letzte yg-Wagen bis kurz hinter die Führerstandsrückwand in die Lok schob.

Für die abgegebenen 221er kamen weitere Loks der Baureihe 216. Letztere verließen Oldenburg erst zum Winter 1991/92, als mit der Aufnahme des elektrischen Betriebs zwischen Oldenburg und Leer der Oldenburger Triebfahrzeugbestand aufgelöst wurde.

Glanzlichter in der Oldenburger Ära waren mit Sicherheit die bereits erwähnten 4000-Tonnen-Erzzüge auf der Emslandstrecke vom Rbf Emden nach Rheine, die mit zwei Loks bespannt wurden. Das Erz wurde im Emdener Hafen verladen und auf der Schiene zum Teil bis ins Saarland befördert. Waren zu Beginn des Planeinsatzes noch fünf solcher Erzzüge an Werktagen außer Samstags zu fahren, war es ab Sommer 1978 bis zum Ende des 221-Einsatzes in Oldenburg nur noch einer, der Gdg 52916.

Ein besonderer Höhepunkt war der zur Hannover Messe verkehrende 1. Klasse-Sonderzug »Messekapitän« von Hannover nach Wilhelmshaven und zurück.

Der neue Lack spiegelte am 17. Mai 1980 noch, 221 118, die hier in Oldenburg Hbf rangiert, hatte ihn erst vier Monate zuvor erhalten. Im Hintergrund das tiefer liegenden Heimat-Bw, von dessen Lokschuppen sind nur die Giebel sichtbar sind. Eine 220 ist ebenfalls zu erkennen. *Foto: Beckermann, Sammlung Ralph Dißinger*

Schiffsanschluß: 1980 kam 221 145 regelmäßig nach Norddeich Mole um Urlauber an die Nordsee oder nach Hause zu bringen. *Foto: Werner Consten*

221 150 wurde nach ihrem Unfall ins AW Bremen gebracht. Am 09. Juli 1980 wartete sie im Freigelände auf die Entscheidung über ihr Schicksal. *Foto: Ralph Dißinger*

Stationierungsübersicht

Lok	aus	von	bis	nach
221 102	Villingen	24.01.77	24.09.77	Gelsenkirchen-Bismarck
221 106	Villingen	25.09.77	21.09.80	Gelsenkirchen-Bismarck
221 107	Villingen	25.09.77	28.09.80	Gelsenkirchen-Bismarck
221 108	Villingen	25.09.77	28.09.80	Gelsenkirchen-Bismarck
221 118	Lübeck	01.10.78	21.09.80	Gelsenkirchen-Bismarck
221 119	Lübeck	01.10.78	28.09.80	Gelsenkirchen-Bismarck
221 120	Lübeck	01.10.78	21.09.80	Gelsenkirchen-Bismarck
221 121	Villingen	25.09.77	28.09.80	Gelsenkirchen-Bismarck
221 122	Villingen	25.09.77	28.09.80	Gelsenkirchen-Bismarck
221 123	Villingen	25.09.77	28.09.80	Gelsenkirchen-Bismarck
221 124	Villingen	25.09.77	28.09.80	Gelsenkirchen-Bismarck
221 125	Villingen	25.09.77	28.09.80	Gelsenkirchen-Bismarck
221 126	Villingen	25.09.77	28.09.80	Gelsenkirchen-Bismarck
221 127	Villingen	25.09.77	28.09.80	Gelsenkirchen-Bismarck
221 129	Lübeck	01.10.78	21.09.80	Gelsenkirchen-Bismarck

Lok	aus	von	bis	nach
221 130	Lübeck	01.07.78	31.05.80	Gelsenkirchen-Bismarck
221 131	Lübeck	01.10.78	28.09.80	Gelsenkirchen-Bismarck
221 136	Villingen	25.09.77	28.09.80	Gelsenkirchen-Bismarck
221 137	Villingen	22.05.77	21.09.80	Gelsenkirchen-Bismarck
221 138	Villingen	24.01.77	27.09.80	Gelsenkirchen-Bismarck
221 139	Villingen	24.01.77	28.09.80	Gelsenkirchen-Bismarck
221 140	Villingen	24.01.77	28.09.80	Gelsenkirchen-Bismarck
221 141	Villingen	10.12.76	28.09.80	Gelsenkirchen-Bismarck
221 142	Villingen	16.11.76	28.09.80	Gelsenkirchen-Bismarck
221 143	Villingen	26.09.76	28.09.80	Gelsenkirchen-Bismarck
221 144	Villingen	26.09.76	21.09.80	Gelsenkirchen-Bismarck
221 145	Villingen	26.09.76	27.09.80	Gelsenkirchen-Bismarck
221 149	Villingen	15.08.76	28.09.80	Gelsenkirchen-Bismarck
221 150	Villingen	30.05.76	31.07.80	z-Stellung/Ausmusterung

Bw Gelsenkirchen-Bismarck

Kurz nachdem im Mai 1977 die letzten 044er des Bw Gelsenkirchen-Bismarck abgestellt wurden, kamen die ersten 221er hierher ins Ruhrgebiet. Im Gegensatz zu anderen Betriebswerken, die eine Lokbaureihe nicht ausschließlich vor Güterzügen einsetzen können, war hier eine solche Beschäftigung aller 48 Loks möglich, obgleich die planmäßigen Tageslaufleistungen mit etwa 200 km pro Tag insgesamt niedrig waren.

Mit der Umbeheimatung ins Ruhrgebiet ergaben sich mehrere Vorteile: In dieser Region war ein Bedarf an starken Dieselloks vorhanden, die Baureihe 216 erwies sich oft als zu schwach, es konnte auf die unmoderne Dampfheizung im Güterverkehr verzichtet werden und schließlich erwartete man durch die Konzentration der gesamten Baureihe auf ein Betriebswerk Kostenersparnisse im Werkstattwesen.

Die Zeit des Einsatzes vor hochwertigen Reisezügen war für die im Ruhrgebiet eingetroffenen

Das Ruhrgebiet ist nicht gerade arm an Straßen, die Schienenverbindungen werden dagegen immer weniger. Im Juni 1981 passierte 221 147 den Hp Gelsenkirchen Zoo. *Foto: Frank Larsen*

Maschinen endgültig vorbei. Schwere Kohle-, Erz-, Stahl- und Kalkzüge, oft mit zwei 221ern bespannt, waren nun das tägliche Brot. Dabei wurde nur eine geringe Anzahl von Loks, im Sommer 1981 waren es gerade einmal zehn Maschinen, in einem festen Umlauf eingesetzt. Der Großteil stand der Oberzugleitung Essen für sogenannte »Programmzüge« zur Verfügung. Programmzüge waren Güterzüge, die nur an bestimmten Tagen in unregelmäßigen Abständen verkehrten. Daneben traf man die Maschinen häufig vor Sonderzügen oder auf Ausstellungen anläßlich von Eisenbahnjubiläen an.

Fristuntersuchungen und kleinere Reparaturen wurden im Heimat-Bw durchgeführt. Am 09.06.81 wurde im Bw Gelsenkirchen-Bismarck an 221 141 gearbeitet. *Foto: Frank Larsen*

Wer dachte am 11. Juni 1981 schon daran, daß diese drei, die im Bw Duisburg-Wedau zusammengefunden haben, zukünftige Museumsloks werden sollten? *Foto: Frank Larsen*

Gut inszeniert: eine Parade roter 221er am 11. Juli 1982 im Bw Oberhausen Osterfeld Süd. Auch der Pufferteller-Warnanstrich ist wieder angebracht. *Foto: Manfred Oberg*

Eine gelungene Nachtaufnahme von 221 124 am Gleis 5 in Coesfeld. *Foto: Clemens Schröder*

221 113 präsentierte sich am 21. Mai 1988 mit Gag 58703 Hochfeld-Mannesmann–Mülheim-Styrum vor der Kulisse des Stahlwerks Rheinhausen. *Foto: Frank Schwanenberg*

Etwas klein ist die Nummer der 221 110 ausgefallen. Am 24. Mai 1988 befindet sie sich mit Ng 63473 am Abzw. Hiberniastraße auf der Fahrt nach Duisburg-Ruhrort-Hafen. *Foto: Frank Schwanenberg*

221 112 zog im Mai 1988 den zweiten Teil des in Dortmund Mengede geteilten Gdg 58297 die Steigung zum Kraftwerk Knepper hinauf. Auf dem rechten Gleis verkehrt die Straßenbahn. *Foto: Uwe Günther*

Bw Oberhausen 1

Mit der Umwandlung des Bw Gelsenkirchen-Bismarck von einer selbständigen Dienststelle mit eigenen Triebfahrzeugen in eine Außenstelle des Bw Oberhausen 1, dem vorherigen Bw Oberhausen Osterfeld Süd, zum 01.01.1982 wurde auch der Diesellokbestand an dieses Bw übergeben. Laut Betriebsbuch war jedoch 221 111 bereits am 25.03.1981 in den Bestand des Bw Oberhausen Osterfeld Süd gelangt. Das Einsatzgebiet änderte sich dadurch nicht, zudem waren schon vor der Umstationierung manchmal mehr 221er in den Bw Oberhausen Osterfeld Süd und Wanne Eickel anzutreffen, als im Heimat-Bw Gelsenkirchen Bismarck. Auch blieb es dabei, daß nur wenige Loks in einem festen Laufplan liefen, der Rest Sonderleistungen fuhr oder als Dispo-Loks, unter anderem für das Bw Dortmund Gbf, bereit stand. Die festen Planleistungen blieben relativ konstant: Im Sommer 1983 bis 1985 umfaßte der 221-Laufplan des Bw Oberhausen 1 insgesamt 9 Plantage.

Einen außergewöhnlichen Einsatz in ihrer Karriere durfte 221 149 während ihrer Stationierung beim Bw Oberhausen 1 erleben: Sie weilte vom 10. bis 13.09.1984 bei der Bern-Lötschberg-Simplon-Bahn in der Schweiz. Dort zog sie probeweise Güterzüge. Die BLS erwog damals, etwa 30 Loks der Baureihe 221 anzumieten, falls bei der Revision des Umspannwerks in Wimmis das zweite Umspannwerk der Bahn ausfallen würde. Wäre dies geschehen, hätten die 221er in Dreifachtraktion eingesetzt werden müssen. Es blieb jedoch bei einem kurzen Gastspiel.

Keine schlechte Figur machte 221 149 bei ihrem Gastspiel auf der Schweizer Bern–Lötschberg–Simplonbahn im September 1989. *Foto: DB*

Unter den Planleistungen sei an die Vorspannleistungen vor N 7154 Coesfeld–Oberhausen (an »a« 221+515+815, an »Sa« 221+515) im Winter 1984/85 und vor N 8705 Bocholt–Wesel im Winter 85/86 erinnert. Dies waren die letzten planmäßigen Leistungen der Baureihe 221 im Personenverkehr. Ansonsten gab es nur noch außerplanmäßige Leistungen vor Reisezügen, die allerdings eine gewisse Regelmäßigkeit hatten. Ein Beispiel ist der D 15136 von Münster nach Trier, der bis April 1985 jeweils am ersten Montag in den Monaten April bis September (außer in den Ferien) als Vorzug zum D 2136 verkehrte. Die Rückführung erfolgte als Lr 37137. Ferner diente des öfteren eine 221 als Schiebelok bei Dampfzugfahrten mit 41 360 auf der Eifelbahn, zuletzt 221 140.

Mit Wintersportsonderzügen kamen 221er nach Winterberg im Sauerland. Der »Klingende Sauerländer« verkehrte von Rheine/Münster aus und der »Astenberg-Kurier« kam aus Oberhausen. Die 221er wurden gerne anstelle von 218ern aus Hagen eingesetzt. In diesem Fall war die ansonsten unmoderne Dampfheizung von Vorteil: Die Baureihe 218 verbraucht beim Vorheizen und Warmhalten der Züge im Stand ungleich mehr Kraftstoff, da bei ihr der Fahrdiesel zum Betrieb des Heizgenerators laufen muß. Die Wintersportzüge wurden letztmalig im Februar 1987 mit der Baureihe 221 bespannt.

Bei insgesamt zwanzig 221ern wurde der im Güterverkehr überflüssige Heizkessel ausgebaut. Sie erhielten statt dessen ein Vorheizgerät eingebaut, das bei längeren Standzeiten an eine externe Stromversorgung angeschlossen wurde und die Kühlwassertemperatur des Motors konstant hielt, um Kaltstarts zu vermeiden.

Genannt werden müssen bei der Betrachtung der Einsätze im Ruhrgebiet die sogenannten »Wasch-

Gegenüber 221 121 erscheint der 515 winzig, aufgenommen am 22. Dezember 1984 in Coesfeld. *Foto: Clemens Schröder*

Zwischenhalt in Euskirchen. Am 29. April 1985 hatte 221 131 die Ehre, mit D 15136 wieder einmal einen Schnellzug zu befördern. Allerdings war D 15136 »nur« ein Vorzug zum »regulären« D 2136, daher bestand er auch vor allem aus wenig standesgemäßen Silberlingen. *Foto: Frank Schwanenberg*

Mit Wintersportsonderzügen kam die Baureihe 221 regelmäßig nach Winterberg im Sauerland. Am 09. Februar 1986 fuhr 221 107 durch die weiße Pracht. An der Lok hängt noch das Plakat zum Eisenbahnjubiläum 1985. *Foto: Christian Wenger*

Am 5. August 1983 war 221 136 mit einem »Waschbergezug« bei Holtwick unterwegs. *Foto: Clemens Schröder*

bergezüge« zum Bau der A 30. Es handelte sich hierbei um Ganzzüge mit Abraummaterial aus Kohlezechen zu Autobahnbaustellen im Münsterland. 1982 bis 1984 fuhren diese Züge ca. 1,5 Mio Tonnen Material nach Coesfeld/Legden. Zwischen April und September 1987 verkehrten weitere Züge aus Schalke, Westerholt und Dorsten über Ahaus zu den Entladestellen in Gescher und Heek auf der alten WLE-Nordbahn.

Der letzte Umlaufplan beim Bw Oberhausen 1 im Winter 1987/88 umfaßte noch sechs Plantage mit durchschnittlich 219 km. Wendebahnhöfe waren Gelsenkirchen Buer Nord, Gladbeck West, Anschl. Chem. Werke Hüls, Wanne-Eickel, Bottrop Hbf, Bottrop Nord, Bochum Langendreer, Gelsenkirchen Bismarck, Wesel, Bocholt, Dinslaken, Oberhausen West, Oberhausen Hütte, Essen Nord, Essen Vogelheim, Duisburg Wedau, Duisburg Hochfeld Süd, Duisburg Ruhrort Hafen, Duisburg Mannesmann, Duisburg Hbf, Düsseldorf Rath, und Mülheim

Styrum. An Sonn- und Feiertagen waren alle Planloks im Bw Oberhausen 1 abgestellt.

Wendebahnhöfe von Programmzügen waren Kreuztal und Siegen (Stahl) und Neheim-Hüsten, außerdem in der BD Köln Neuwied und Andernach. Letzterer wurde von einem Gag mit Stahlrollen angefahren. Weitere Stahlzüge nach Remscheid Hbf und Leverkusen-Schlebusch waren ebenfalls mit 221 bespannt. Am 7. Dezember 1985 überfuhr 221 144, die einen Zug nach Schlebusch gebracht hatte und Lz zurück nach Oberhausen-Osterfeld fahren sollte, ein Sperrsignal und landete auf dem Bahnhofsvorplatz in Schlebusch.

Die bekanntesten Leistungen waren die Einsätze vor Kalkzügen im Angertal. Sogar Sonntags fuhren 221er mit Kalkzügen von Rheinhausen nach Flandersbach. An Werktagen wurden Kalkzüge von Flandersbach nach Millingen bei Moers, bestehend aus etwa 30 E-Wagen gezogen. Aber auch ins Ne-

Die weiße Staubfahne war noch zu sehen, als der Gdg 58507 bereits vorübergefahren war. Die kalkweißen Wagen bilden einen ungewohnten Kontrast zu 221 106, hier am 24. April 1987 zwischen Bösperde und Fröndenberg. *Foto: Uwe Günther*

Die bekannteste Einsatzstrecke der Oberhausener 221er war das Angertal: 221 102 war am 11. Juni 1987 bei Weil von sattem Grün eingerahmt. *Foto: Christian Wenger*

andertal wurden Kalkverkehre mit der Baureihe 221 abgewickelt.

Aus dem Sauerland kamen in den letzten Einsatzjahren unter anderem folgende Kalkzüge:

- Gag 58507 Menden-Horlecke–Dortmund-Hörde zum Höchst-Stahlwerk. Dieser Zug wurde ab Schwerte Ost nachgeschoben, meist ebenfalls von einer 221.
- Gag 57533 Menden-Horlecke RWK–Geesten/Ems mit 2x221 bis Schwerte/Ruhr, ab dort mit 150 oder 2x140
- Gag 76193 Geeste–Menden (leere Fc-Wagen) mit einer 221
- Gag 57533 und 76193 verkehrten als Programmzüge zum Staubeckenbau. Mit ihnen wurden 2 Millionen Tonnen Kalksteine der RWK befördert.
- Dsts 80010 Menden–Marl: Dienstschotterzug mit etwa 40 Fc-Wagen
- Gdg 57249 Menden–Bremen Klöcknerhütte mit 221 bis Schwerte/Ruhr
- Gag 58910, Moers-/Oberhausen-Sterkrade–Neheim-Hüsten an jedem ersten Dienstag im Monat, Samstags bei Bedarf, Sonntags als 58912. Kohle in E-Wagen für die Feldmühle AG. Der Laufweg führte durchs ganze »Revier« bis ins Ruhrtal. Zuletzt verkehrte dieser Zug am 17.05.1988 mit 221 127 und 116.

Häufig gesellten sich auch Schotterzüge aus Bestwig hinzu.

In der BD Köln wurden Kohlen- und Kalkverkehre nach Moers, Neuß und Düsseldorf-Hafen abgewickelt.

221 138 wartete in der Abenddämmerung des 22. Februar 1988 mit einem Röhrenzug in Mülheim-Styrum auf Ausfahrt.
Foto: Uwe Günther

Von Duisburg-Walsum aus wurde Gag 58789 nach Düsseldorf-Grafenberg bespannt.

In Sonderdiensten für Dortmund Gbf zogen 221er Züge mit Kraftwerkskohle von Recklinghausen Süd nach Dortmund-Mengede und Bochum-Weitmar.

Der Einsatz der Baureihe 221 endete zum Sommerfahrplan 1988. Eine der letzten Leistungen brachte 221 140 noch einmal in eine frühere Heimat: Sie durfte in ihrer letzten Einsatzwoche wegen Lokmangels einen Sonder-Dg nach Bremen Rbf bespannen.

Stationierungsübersicht

Lok	aus	von in Gelsenkirchen-Bismarck	bis	von in Oberhausen Osterfeld Süd	bis
221 101	Villingen	25.09.77	31.12.81	01.01.82	27.05.87z
221 102	Oldenburg	25.09.77	31.12.81	01.01.82	28.05.88z
221 103	Villingen	25.09.77	31.12.81	01.01.82	27.05.87z
221 104	Villingen	25.09.77	31.12.81	01.01.82	22.05.87z
221 105	Villingen	26.09.77	31.12.81	01.01.82	27.05.87z
221 106	Oldenburg	22.09.80	31.12.81	01.01.82	28.05.87z
221 107	Oldenburg	29.09.80	31.12.81	01.01.82	22.05.87z
221 108	Oldenburg	29.09.80	31.12.81	01.01.82	27.10.87z
221 109	Lübeck	26.05.78	31.12.81	01.01.82	27.05.87z
221 110	Lübeck	26.05.78	31.12.81	01.01.82	28.05.88z
221 111	Lübeck	26.05.78	31.12.81	01.01.82	29.09.87z
221 112	Lübeck	26.05.78	31.12.81	01.01.82	28.05.88z
221 113	Lübeck	26.05.78	31.12.81	01.01.82	28.05.88z
221 114	Lübeck	01.10.78	31.12.81	01.01.82	27.05.87z
221 115	Lübeck	01.06.80	31.12.81	01.01.82	28.05.88z
221 116	Lübeck	01.10.78	31.12.81	01.01.82	28.05.88z
221 117	Lübeck	01.10.78	31.12.81	01.01.82	22.05.87z
221 118	Oldenburg	22.09.80	31.12.81	01.01.82	27.05.87z
221 119	Oldenburg	29.09.80	31.12.81	01.01.82	27.05.87z
221 120	Oldenburg	22.09.80	31.12.81	01.01.82	22.05.87z
221 121	Oldenburg	29.09.80	31.12.81	01.01.82	27.05.87z
221 122	Oldenburg	29.09.80	31.12.81	01.01.82	31.07.87z
221 123	Oldenburg	29.09.80	31.12.81	01.01.82	29.09.87z
221 124	Oldenburg	29.09.80	31.12.81	01.01.82	24.05.87z

Lok	aus	von in Gelsenkirchen-Bismarck	bis	von in Oberhausen Osterfeld Süd	bis
221 125	Oldenburg	29.09.80	31.12.81	01.01.82	29.09.87z
221 126	Oldenburg	29.09.80	31.12.81	01.01.82	29.09.87z
221 127	Oldenburg	29.09.80	31.12.81	01.01.82	28.05.88z
221 128	Lübeck	24.05.80	31.12.81	01.01.82	29.09.87z
221 129	Oldenburg	22.09.80	31.12.81	01.01.82	29.09.87z
221 130	Oldenburg	01.06.80	31.12.81	01.01.82	29.09.87z
221 131	Oldenburg	29.09.80	31.12.81	01.01.82	15.10.87z
221 132	Lübeck	01.06.80	31.12.81	01.01.82	28.05.88z
221 133	Lübeck	01.06.80	31.12.81	01.01.82	29.08.87z
221 134	Lübeck	01.06.80	31.12.81	01.01.82	29.09.87z
221 135	Lübeck	01.06.80	31.12.81	01.01.82	28.05.88z
221 136	Oldenburg	29.09.80	31.12.81	01.01.82	28.05.88z
221 137	Oldenburg	22.09.80	31.12.81	01.01.82	27.05.88z
221 138	Oldenburg	28.09.80	31.12.81	01.01.82	28.05.88z
221 139	Oldenburg	29.09.80	31.12.81	01.01.82	29.09.87z
221 140	Oldenburg	29.09.80	31.12.81	01.01.82	28.05.88z
221 141	Oldenburg	29.09.80	31.12.81	01.01.82	10.05.88z
221 142	Oldenburg	29.09.80	31.12.81	01.01.82	26.05.88z
221 143	Oldenburg	29.09.80	31.12.81	01.01.82	26.05.88z
221 144	Oldenburg	22.09.80	31.12.81	01.01.82	26.05.88z
221 145	Oldenburg	28.09.80	31.12.81	01.01.82	28.05.88z
221 146	Lübeck	01.06.80	31.12.81	01.01.82	28.05.88z
221 147	Lübeck	01.06.80	31.12.81	01.01.82	28.05.88z
221 149	Oldenburg	29.09.80	31.12.81	01.01.82	28.05.88z

Das Ende naht

Zurückstellung von der Ausbesserung und Ausmusterung

Die sogenannte z-stellung (Zurückstellung von der Ausbesserung), bei der die betroffenen Fahrzeuge aus dem Betriebsdienst herausgenommen und meist entweder im Heimat-Bw oder AW hinterstellt werden, war auch bei der Baureihe 221 der erste Schritt zur Ausmusterung. Vereinzelt kann es vorkommen, daß z-gestellte Fahrzeuge noch einmal in Dienst gestellt, also untersucht werden. Dies geschah bei der 221 nur im Fall der 221 137, die als Ersatz für die mit Unfallschaden abgestellte 221 108 wieder reaktiviert wurde. Folgt auf der z-Stellung die Ausmusterung, wird das Fahrzeug endgültig aus den Bestandslisten getilgt.

Zwischenstation München Laim am 14. Juli 1989 – der Überführungszug hat eine beeindruckende Länge.
Foto: Beckermann, Sammlung Ralph Dißinger

ZENTRALE
Zentralstelle Technik
Kaiserstraße 3
6500 Mainz 1

Deutsche Bundesbahn DB

Berichtigung an:

BD 4300 Essen
BZA 4950 Minden (Westf)
AW 8500 Nürnberg
Bw 4200 Oberhausen 1
Abdrucke an
Z ZP 6500 Mainz
BZA 8000 München
Z ZD 6000 Frankfurt (Main)
– D 1280 –

Bundesbahn-Ausbesserungswerk Nürnberg
Eing. 01.8.87

Unser Datum und Zeichen: 25.09.87 – M 12.01 Fau –
Rufnummer: (9 54) 21 86
Anlagen: (nur für AW)
Thema: Ausmusterung von Triebfahrzeugen

MKL 0Z

Dem Ausmusterungsantrag des AW Nürnberg für die Tfz 221 101-9, 221 103-5, 221 105-0, 221 106-8, 221 109-2, 221 144-2, 221 118-3, 221 122-5, 221 119-1, 221 121-7 stimmen wir zu.

Die Tfz sind am 26.09.87 letztmalig im Bestand nachzuweisen.

Die beigefügten Meldekarten sind auszufüllen und umgehend an die Z ZT, AA E 2104, zurückzusenden.

Die BD bitten wir, den Abgang der Tfz in der gemäß DS 228/1A, § 2 (7), monatlich an die Z ZT, AA W 3302, zu sendenden "Meldung über Bestandsveränderungen" anzuzeigen.

Die Tfz sind vorgesehen für den Verkauf.

Sonstiges:

Die Fahrzeuge sind im AW Nürnberg gesichert abzustellen. Indusi und Zugbahnfunk sind sofort auszubauen und der Sw Wuppertal bzw. der Fw München-Aubing zuzuführen. Der Ausbau ist nur auf der Meldekarte zu bestätigen.

Weitere Weisungen folgen.

Zusatz für BZA Minden (Westf)

Wir bitten um Mitteilung des Sachstandes bezüglich des Verkaufs.

gez. Ernst

Kontoverbindungen
Zahlungen bitte nur an: Deutsche Bundesbahn – Generalkasse – Postfach 11 04 23 – 6000 Frankfurt 1

DVKB Frankfurt am Main (BLZ 501 103 00) Konto Nr. 1 010 301 000
Landeszentralbank Frankfurt am Main (BLZ 500 000 00) Konto Nr. 500 012 02
Postgiroamt Frankfurt am Main (BLZ 500 100 60) Konto Nr. 1 130 33 - 6 06

Kommunikationsverbindungen
mit Frankfurt am Main: Postfach 11 04 23, Telex 4 11 124 db d, Fax (0 69) 2 65 - 64 80
mit Mainz: Postfach 15 69, Telex 4 187 732 db d, Fax (0 61 31) 15 51 29

Mit diesem Schreiben der Zentralstelle Technik der DB wurde dem Ausmusterungsantrag des AW Nürnberg für die genannten 10 Lokomotiven zugestimmt. *Abbildung: Sammlung Frank Larsen*

In mehreren Reihen warteten am 07. Januar 1988 im Freigelände des AW Nürnberg 16 ausgemusterte 221er auf ihr weiteres Schicksal. *Foto: Frank Larsen*

Für die Ausmusterung der gesamten Baureihe 221 gab es im wesentlichen zwei Gründe:

1.) die inzwischen stark eingeschränkten Einsatzmöglichkeiten
2.) die Konstruktion mit zwei Maschinenanlagen, die gegenüber einmotorigen Dieselloks höhere Wartungskosten verursachte.

Darüber hinaus mußte bei den im Ruhrgebiet oft nötigen Doppelbespannungen vor schweren Zügen wegen der fehlenden Vielfachsteuerung jede Lok mit einem Lokführer besetzt sein.

Wie schon beschrieben, waren die Strecken, für die eine so leistungsfähige Diesellok wie die 221 benötigt wurde, inzwischen elektrifiziert oder wurden von einmotorigen Streckendieselloks in Doppeltraktion befahren. Das Fehlen einer elektrischen Heizanlage war für den schweren Güterverkehr im Ruhrgebiet zwar nebensächlich, doch war das Güteraufkommen in den 80er Jahren stark rückläufig. Gleichzeitig entstand in der zweiten Hälfte der 80er Jahre bei der DB ein Überhang an Streckendieselloks.

In der Folge kam es zu zahlreichen Ausmusterungen bei der Baureihe 211, die gesamte Baureihe 221 schied aus und auch die ersten Serienloks der Baureihe 216 wurden abgestellt. Die Baureihe 220 war bereits 1984 von den Gleisen verschwunden.

Die z-Stellungs- und Ausmusterungstermine (+) der Baureihe 221:

Lok Nr.	z	+
221 101	28.05.87	26.09.87
221 102	29.05.88	30.06.88
221 103	28.05.87	26.09.87
221 104	23.05.87	30.07.87
221 105	28.05.87	26.09.87
221 106	29.05.87	26.09.87
221 107	23.05.87	30.07.87
221 108	28.10.87	17.12.87
221 109	28.05.87	26.09.87

→

Lok Nr.	z	+
221 110	29.05.88	30.06.88
221 111	30.09.87	17.12.87
221 112	29.05.88	30.06.88
221 113	29.05.88	30.06.88
221 114	28.05.87	26.09.87
221 115	29.05.88	30.06.88
221 116	29.05.88	30.06.88
221 117	23.05.87	30.07.87
221 118	28.05.87	26.09.87
221 119	28.05.87	26.09.87
221 120	23.05.87	30.07.87
221 121	28.05.87	26.09.87
221 122	01.08.87	26.09.87
221 123	30.09.87	17.12.87
221 124	25.05.87	30.07.87
221 125	30.09.87	17.12.87
221 126	30.09.87	17.12.87
221 127	29.05.88	30.06.88
221 128	30.09.87	17.12.87
221 129	30.09.87	17.12.87
221 130	30.09.87	17.12.87
221 131	16.10.87	17.12.87

Lok Nr.	z	+	
221 132	29.05.88	30.06.88	
221 133	30.08.87	17.12.87	
221 134	30.09.87	17.12.87	
221 135	29.05.88	30.06.88	
221 136	29.05.88	30.06.88	
221 137	30.09.87		(29.10.87*)
	28.05.88	30.06.88	
221 138	29.05.88	30.06.88	
221 139	30.09.87	17.12.87	
221 140	29.05.88	30.06.88	
221 141	11.05.88	30.06.88	
221 142	27.05.88	30.06.88	
221 143	27.05.88	30.06.88	
221 144	10.05.88	30.06.88	
221 145	29.05.88	30.06.88	
221 146	29.05.88	30.06.88	
221 147	29.05.88	30.06.88	
221 148	24.06.74	01.10.74	
221 149	29.05.88	30.06.88	
221 150	01.08.80	21.10.80	

**) wieder in den Einsatzbestand übernommen*

Einen traurigen Anblick bot am 22. Oktober 1988 neben den Anlagen des ETA-Bw in Wanne-Eickel auch die Parade der dort abgestellten 221 134, 125 und 128. *Foto: Frank Schwanenberg*

Am 01. August 1988 waren die Loks wie folgt verteilt:

Gelsenkirchen-Bismarck: 221 111, 112, 125, 126, 128, 129, 131, 134, 139, 141

Wanne Eickel: 221 102, 110, 113, 127, 132, 136, 137, 138, 140, 142, 143, 145, 146

AW Nürnberg: 221 101, 103-109, 114, 115, 117-124, 130, 132, 133, 135, 144, 147, 149

221 116 war auf diversen Ausstellungen zu sehen.

Die in Wanne-Eickel abgestellten Loks wurden bis Frühjahr 1989 teils nach Nürnberg, teils nach Gelsenkirchen-Bismarck überführt:

Nach Gelsenkirchen-Bismarck: 221 102, 110, 127, 136-138, 140, 142, 143, 145, 146

Ins AW Nürnberg: 221 113, 132

Bis Mai 1989 waren dann 221 111, 112, 125, 126, 128, 129, 131, 134, 140 und 141 im AW Nürnberg eingetroffen.

Die in Gelsenkirchen-Bismarck verbliebenen 18 Loks trafen am 14.07.89, gezogen von 140 566, unter der Zugnummer 83420 in München Laim ein. Darunter waren zehn Loks, die nach Griechenland verkauft wurden: 221 112, 126, 127, 129, 134, 136-138, 145, 146. Die übrigen acht Loks gelangten über Penzberg nach Rosenheim.

Zehn Loks aus dem AW Nürnberg wurden ebenfalls an die griechische Staatsbahn OSE verkauft. Nachdem auch die fünf für Albanien bestimmten 221 das AW Nürnberg verlassen hatten, verblieben dort nur noch die 221 101, 103, 104, 108, 113, 114, 115, 120, 123, 130, 132, 135, 144 und 149. Da wegen der Umorganisation des AW Nürnberg von der Diesellokunterhaltung zur Unterhaltung von Elektrotriebwagen, speziell des ICE, im Gelände Platz geschaffen werden mußte, wurden alle dort abgestellten 221er, mit Ausnahme der 221 108, im Sommer 1990 nach Rosenheim überführt.

Verkäufe

Bei der Ausmusterung einer nur 20 Jahre alten Lokomotivbaureihe, die sich bis zuletzt gut bewährte, liegt es nahe, vor einer Verschrottung den Verkauf der Fahrzeuge anzustreben.

So versuchte die DB, für die V 200.1 Käufer zu finden und tatsächlich gelang es auch, einen Teil der Maschinen an verschiedene Interessenten zu verkaufen.

Auf ihrem Weg nach Bergamo begegneten 221 121 und 137 in Kufstein der um einiges älteren, aber noch eingesetzten 1145.014 der ÖBB. *Foto: Martin Schmaußer*

Das Bw Rosenheim als Abstellplatz für ausgemusterte Dieselloks. Am 28.07.1990 links 221 130, 132, 120, 104 und 114. Rechts 221 123, 144, 113 und 101. *Foto: Ingo Kühl*

Firma Layritz/Penzberg

Die in Penzberg in Oberbayern ansässige Firma Layritz war bereits früher als Käufer ausgemusterter DB-Lokomotiven aufgetreten. Auch im Falle der ausgemusterten 221er trat das Unternehmen als Kunde auf und kaufte folgende Loks:
221 101-104, 110, 111, 113-115, 120, 123, 128, 130, 132, 135, 139, 141-144, 149

Diese Loks wurden von Nürnberg und Gelsenkirchen-Bismarck nach Penzberg überführt, von dort aus gelangten sie ins Bw Rosenheim, wo sie im Freien abgestellt waren. Brauchbare Teile wurden in Penzberg und Rosenheim, zum Teil mit dem Schneidbrenner, entfernt. Am 19. November 1990 standen alle Layritz-221er im Bw Rosenheim.

Layritz wiederum verkaufte 221 101 über einen schweizer Zwischenhändler an die italienische Firma Fervet in Bulfone, wohin auch die unfallbeschädigte 221 108 gelangt sein soll. Sie steht heute bei einem Lokhändler in Udine, Norditalien. 221 110 und 144 wurden vermutlich direkt in Rosenheim verschrottet, sie befanden sich jedenfalls nicht in dem Lokzug, mit dem kurz vor Pfingsten 1992 die meisten übriggebliebenen in Rosenheim hinterstellten 221er nach Maribor zur Verschrottung überführt wurden.

Ebenfalls nicht in diesem Lokzug befanden sich 221 104 (von der DB zurückgekauft als Ersatzteilspender für 221 116), 221 130 und 221 135. 221 101 und 120 wurden nicht verschrottet, sie stehen heute noch in einem Werksgelände in Cittadella, Norditalien.

221 130 hatte nach einem Aufstoß einen geknickten Rahmen in Höhe des Vorbaus und war als Schlußläufer nach Rosenheim gekommen. Da bei ihr die Bremsrevision abgelaufen war und wegen des Schadens kein Bremswagen hinter sie gehängt werden konnte, mußte sie in Rosenheim verbleiben. 1994 wurde auch sie an die Firma Fervet verkauft und in Bergamo verschrottet. Die Drehge-

stelle der in Maribor verschrotteten Loks wurden für 16000 DM je Stück nach Griechenland verkauft, da dort wegen des hohen Radreifenverschleißes ein großer Bedarf an Radsätzen mit brauchbaren Radreifen bestand.

Griechenland

Interesse an der Baureihe 221 zeigte die Griechische Staatsbahn OSE erstmals 1983. Man beabsichtigte, 10 Loks zu kaufen, doch führten die Verhandlungen zunächst zu keinem Ergebnis.

Nach der Ausmusterung der ersten 221er wurden die Verhandlungen wieder aufgenommen. Im November 1987 veranstaltete das BZA Minden für eine griechische Abordnung eine Vorführfahrt von Herne nach Hamm. Prinzipiell bekundeten die Besucher ihr Interesse an der Maschine, doch hatten sie Bedenken im Hinblick auf die Kühlung. Daher wurde 221 133 am 21.04.1988 für Testfahrten nach Griechenland überführt, wo sie am 27.04.1988 eintraf. Dort absolvierte sie bis zum 13.05.1988 ein umfangreiches Testprogramm auf der Strecke Athen–Thessaloniki. Für die Lokführer des Bw Oberhausen 1, die »ihre« V 200 begleiteten, war dies sicher eine willkommene Abwechslung.

Die Tests überzeugten, doch verging noch ein Jahr, bis 20 Loks ihre Reise in südliche Gefilde antraten.

Zunächst ging es nach Italien, wo sie in den Werkstätten der »FERVET« technisch und optisch überholt wurden. Die Getriebe wurden vom AW Nürnberg überholt, die Motoren im AW Bremen. Mit den neuen Nummern 411 – 413 verließen die ehemaligen 221 105, 106 und 133 als erste Loks am 10.11.89 Italien in Richtung ihrer neuen Heimat. Obwohl auf diese Weise gut gerüstet, offenbarten sich schon kurz nach Ankunft in Athen technische Probleme: Lose Radreifen und Getriebeschäden.

Die ehemalige 221 138 hielt am 22.08.1992 mit D 603 im Bf Tempi. *Foto: Frank Bachmann*

Auf der Fahrt von Athen nach Thessaloniki sind einige starke Steigungen zu bewältigen. Im August 1990 wartete die ehemalige 221 106 auf Kreuzung mit einem IC-Dieseltriebwagen. *Foto: Frank Larsen*

Übersicht der an die OSE verkauften Maschinen:

OSE-Nr.	DB-Nr.
A 411	221 105
A 412	221 106
A 413	221 133
A 414	221 129
A 415	221 117
A 416	221 147
A 417	221 136
A 418	221 134
A 419	221 124
A 420	221 122
A 421	221 112
A 422	221 119
A 423	221 145
A 424	221 107
A 425	221 126
A 426	221 127
A 427	221 121
A 428	221 138
A 429	221 146
A 430	221 137

Sicher trug zur Problematik bei, daß die griechischen Lokführer mit ihren neuen Maschinen noch nicht genügend vertraut waren.

Die Loks waren beim Bw Agios Ioannis in Athen stationiert und bespannten von hier aus in erster Linie hochwertige Reisezüge nach Thessaloniki. Oft war jedoch ein Großteil der Loks in Folge der Beanspruchung auf den Gebirgsstrecken wegen schadhafter Radreifen abgestellt. Grundsätzlich waren die thermische Belastung gepaart mit dem für die Griechischen Eisenbahner ungewohnten hydraulischen Antrieb ein Problem, das letztlich zur Abstellung der Lokomotiven führte.

Seit Sommer 1997 ist der Einsatz bei der OSE beendet, die meisten Loks sind im Bw Athen Agios Ioannis abgestellt.

Nicht nur die roten 221 106, 107, 122, 127, 129 und 134 wurden für die OSE umlackiert, auch die übrigen Loks erhielten einen neuen Anstrich, der sehr an das ozeanblau-beige DB-Farbkleid erinnerte.

Albanien

Albanien zeigte sich ebenfalls an den ausgemusterten Dieselloks interessiert und orderte fünf Loks fest, die 1989 in der Hauptwerkstätte der Regentalbahn AG in Viechtach aufgearbeitet wurden. Diese Loks erhielten einen roten Anstrich. Im Oktober 1993 war wegen der desolaten Rohstofflage, dem auch hier bestehenden Außenseiterstatus als Streckendiesellok mit hydraulischem Antrieb und dem Zusammenbruch der Industrie in Albanien nur noch Lok 2003 im Einsatz. Sie steht inzwischen abgestellt in Prenjas, ihre vier Kolleginnen in Porgradec.

Die an die HSH verkauften Maschinen:

HSH-Nr.	DB-Nr.
2001	221 118
2002	221 140
2003	221 125
2004	221 131
2005	221 109

Am 3. Oktober 1993 stand eine lange Reihe abgestellter Dieselloks in Pogradec, darunter auch 2001, 2002, 2004 und 2005.
Foto: Martin Bochnig

Die 2003 und eine Lok der Baureihe T 669 warteten am 4. Oktober 1993 mit Zug 4 Vlore–Tirane im Bf Durres auf das Abfahrtsignal.
Foto: Martin Bochnig

Museums-fahrzeuge

Erfreulicherweise gibt es heute noch (oder besser: wieder) zwei Vetreterinnen dieser bewährten Baureihe in betriebsfähigem Zustand. Im Museumsbetrieb sind sie mittlerweile eine feste Größe geworden und erfreuen die Eisenbahnfreunde in ganz Deutschland.

Von der Deutschen Bahn AG erhalten: 221 116

Im Bestand betriebsfähiger Museumsfahrzeuge der Deutschen Bahn AG befindet sich die 221 116. Kriterien für die Erhaltung einer Lokomotive der Rei-

V 200 116 ist betriebsfähige Museumslokomotive der Deutschen Bahn. Wieder in altem Farbkleid erfreut sie die Eisenbahnfreunde in ganz Deutschland. *Foto: Werner Consten*

Die zweite noch betriebsfähig erhaltene V 200.1 ist die 221 135. Sie gehört der Lokführerin Barbara Pirch und ist in Mönchengladbach zu Hause. Am 24. Mai 1995 hat sie einen Sonderzug nach Kreuzberg/Ahr gebracht. *Foto: Frank Schwanenberg*

he 221 als Museumsmaschine durch die DB waren möglichst lange Untersuchungsfristen, außerdem sollte die Lok aus der ersten Bauserie stammen. Ursprünglich war die bis zum Einsatzende rot-schwarz lackierte 221 108 als Museumslok vorgesehen. Sie wurde jedoch bei einem Auffahrunfall beschädigt und daraufhin abgestellt. Als Ersatz wurde 221 116 zur musealen Erhaltung ausersehen. Sie blieb nach ihrer Ausmusterung im Bw Oberhausen 1 zusammen mit 216 003 abgestellt, allerdings im Freien. Daß die Witterungseinflüsse ihr stark zusetzten, war unübersehbar, die Motoren litten unter Frostschäden. Etwas befremdend mutete die trotz ozeanblau-beiger Lackierung angebrachte Beschriftung »V 200 116« an. Als Ersatzteilspender wurde 221 104 ausgewählt, die von der Firma Layritz zurückgekauft, am 09.06.1992 in Rosenheim schleppfähig gemacht und nach Oberhausen zurückgeführt wurde. Sie steht heute noch in erbärmlichem Zustand beim ehemaligen Bw Duisburg-Wedau.

Vor ein paar Jahren wurde V 200 116 aufgearbeitet und wird von der BSW (Bundesbahn Sozialwerk)-Gruppe des Bh Oberhausen 1 betreut. Ihr ozeanblau-beiges Farbkleid hat sie mittlerweile wieder gegen ihre klassische Lackierung eingetauscht, sehr zur Freude der Fotografen.

In privater Hand: 221 135

Daß neben 221 116 eine weitere 221der Nachwelt erhalten bleibt, ist Frau Pirch, einer Lokführerin und Vorsitzenden der BSW-Gruppe Mönchengladbach zu verdanken. Hauptgrund, sich gerade einer Lok der Baureihe 221 zu widmen, sind für sie die Einmaligkeit dieser Baureihe als Höhepunkt und Abschluß einer Linie in der Entwicklung von dieselhydraulischen Großdieselloks. Außerdem spielten persönliche Erlebnisse, die eine Beziehung zu dieser Lokbaureihe wachsen ließen, eine Rolle, und schließlich wollte Frau Pirch mit einer 221 ein Stück lebendige Eisenbahngeschichte erhalten.

Zunächst boten sie und ihre Gruppe sich an, die 221 116 zu restaurieren. Nachdem jedoch die Entscheidung gefallen war, diese Lok von der Oberhausener BSW-Gruppe betreuen zu lassen, entschloß sich Frau Pirch, selbst eine der ausgemusterten Loks zu kaufen.

Bereits bei früheren Besuchen in Rosenheim war Frau Pirch 221 135 ins Auge gefallen, die nach ihrer Ausmusterung und dem Verkauf an die Firma Layritz dort im Freien abgestellt worden war. Die Lok war, was Rahmen und Aufbau betraf, in einem relativ guten, restaurierbaren Zustand, die Dampfheizung war noch vorhanden, die Schlauchleitungen existierten weitgehend und die Einwirkungen des beim Ausbau brauchbarer Teile verwendeten Schneidbrenners hielten sich in Grenzen. Beide Motoren fehlten zwar, doch waren die Getriebe in Ordnung und, ein ganz wichtiges Kriterium, die Radreifen noch in einem guten Zustand.

Frau Pirch holte bei der Firma Layritz ein Angebot ein. 34000 DM wollte man für die Lok haben, maximal eine Woche Bedenkzeit wurde zugestanden, da die Lok dann zur Verschrottung nach Maribor überführt werden sollte. Frau Pirch sagte zu und war so Eigentümerin der 221 135 geworden. Doch damit begann die eigentliche Arbeit, deren Ergebnis sich heute sehen läßt. In einigen tausend Arbeitsstunden hat sie mit Kollegen die Lok innerlich und äußerlich so restauriert, daß man ihr das Alter nicht mehr anmerkt. Das Fahrzeug war hierzu fast vollständig zerlegt und einige Teile von Lehrlingswerkstätten neu gefertigt worden.

Die 221 135 ist wieder rot-schwarz lackiert worden und trägt im Gegensatz zur V 200 116 die Computernummer, wie sie am 01.01.1968 eingeführt wurde. Bei vielen Sonderfahrten und Veranstaltungen konnte sie beweisen, daß hier ganze und saubere Arbeit geleistet wurde. Sogar planmäßige Güterzüge werden gelegentlich mit ihr bespannt.

Die Lebensläufe der Maschinen

V 200/221 101	
Fab.-Nr.:	18993
Abnahme:	27.11.1962
Kempten	28.12.62 – 26.01.71
Villingen	27.01.71 – 24.09.77
Gelsenkirchen-Bismarck	25.09.77 – 31.12.81
Oberhausen 1	01.01.82 – 27.05.87
z 28.05.87	+ 26.09.87
Abgestellt Cittadella, Italien	

V 200/221 102	
Fab.-Nr.:	18994
Abnahme:	09.01.63
Kempten	10.01.63 – 12.04.71
Villingen	13.04.71 – 24.08.72
Leihlok Kempten	25.08.72 – 10.09.73
Villingen	11.09.73 – 23.01.77
Oldenburg	24.01.77 – 24.09.77
Gelsenkirchen-Bismarck	25.09.77 – 31.12.81
Oberhausen 1	01.01.82 – 28.05.88
z 29.05.88	+ 30.06.88
Verschrottet Maribor	

V 200/221 103	
Fab.-Nr.:	18995
Abnahme:	10.01.63
Kempten	23.01.63 – 14.05.74
Villingen	15.05.74 – 24.09.77
Gelsenkirchen-Bismarck	25.09.77 – 31.12.81
Oberhausen 1	01.01.82 – 27.05.87
z 28.05.87	+ 26.09.87
Verschrottet Maribor	

V 200/221 104	
Fab.-Nr.:	18996
Abnahme:	18.01.63
Kempten	19.01.63 – 14.05.74
Villingen	15.05.74 – 24.09.77
Gelsenkirchen-Bismarck	25.09.77 – 31.12.81
Oberhausen 1	01.01.82 – 22.05.87
z 23.05.87	+ 30.07.87
Ersatzteilspender für V 200 116, abgestellt Duisburg-Wedau	

V 200/221 105	
Fab.-Nr.:	18997
Abnahme:	01.02.63
Kempten	02.02.63 – 14.03.75
Villingen	15.03.75 – 25.09.77
Gelsenkirchen-Bismarck	26.09.77 – 31.12.81
Oberhausen 1	01.01.82 – 27.05.87
z 28.05.87	+ 26.09.87
Griechenland OSE 411	

V 200/221 106	
Fab.-Nr.:	18998
Abnahme:	01.02.63
Kempten	02.02.63 – 28.03.75
Villingen	29.03.75 – 24.09.77
Oldenburg	25.09.77 – 21.09.80
Gelsenkirchen-Bismarck	22.09.80 – 31.12.81
Oberhausen 1	01.01.82 – 28.05.87
z 29.05.87	+ 26.09.87
Griechenland OSE 412	

V 200/221 107	
Fab.-Nr.:	18999
Abnahme:	12.02.63
Kempten	13.02.63 – 06.04.75
Villingen	07.04.75 – 24.09.77
Oldenburg	25.09.77 – 28.09.80
Gelsenkirchen-Bismarck	29.09.80 – 31.12.81
Oberhausen 1	01.01.82 – 22.05.87
z 23.05.87	+ 30.07.87
Griechenland OSE 424	

V 200/221 108	
Fab.-Nr.:	19000
Abnahme:	19.02.63
Kempten	20.02.63 – 25.04.75
Villingen	26.04.75 – 24.09.77
Oldenburg	25.09.77 – 28.09.80
Gelsenkirchen-Bismarck	29.09.80 – 31.12.81
Oberhausen 1	01.01.82 – 27.10.87
z 28.10.87	+ 17.12.87
Unfallschaden, Fa. Bulfone, Udine	

V 200/221 109	
Fab.-Nr.:	19001
Abnahme:	06.03.63
Lübeck	07.03.63 – 25.05.78
Gelsenkirchen-Bismarck	26.05.78 – 31.12.81
Oberhausen 1	01.01.82 – 27.05.87
z 28.05.87	+ 26.09.87
Albanien HSH 2005	

V 200/221 110	
Fab.-Nr.:	19002
Abnahme:	13.03.63
Lübeck	14.03.63 – 25.05.78
Gelsenkirchen-Bismarck	26.05.78 – 31.12.81
Oberhausen 1	01.01.82 – 28.05.88
z 29.05.88	+ 30.06.88
Verschrottet Penzberg	

V 200/221 111	
Fab.-Nr.:	19003
Abnahme:	15.03.63
Lübeck	16.03.63 – 25.05.78
Gelsenkirchen-Bismarck	26.05.78 – 24.03.81
Oberhausen 1	25.03.81 – 29.09.87
z 30.09.87	+ 17.12.87
Verschrottet Maribor	

V 200/221 112	
Fab.-Nr.:	19004
Abnahme:	20.03.63
Lübeck	21.03.63 – 25.05.78
Gelsenkirchen-Bismarck	26.05.78 – 31.12.81
Oberhausen 1	01.01.82 – 28.05.88
z 29.05.88	+ 30.06.88
Griechenland OSE 421	

V 200/221 113	
Fab.-Nr.:	19005
Abnahme:	25.03.63
Lübeck	*06.04.63 – 25.05.78
Gelsenkirchen-Bismarck	26.05.78 – 31.12.81
Oberhausen 1	01.01.82 – 28.05.88
z 29.05.88	+ 30.06.88
Verschrottet Maribor	

** Ausbesserung eines Unfallschadens, vermutlich während der Überführung, in einer MO vom 02.-05.04.63*

V 200/221 114	
Fab.-Nr.:	19006
Abnahme:	04.04.63
Lübeck	05.04.63 – 30.09.78
Gelsenkirchen-Bismarck	01.10.78 – 31.12.81
Oberhausen 1	01.01.82 – 27.05.87
z 28.05.87	+ 26.09.87
Verschrottet Maribor	

V 200/221 115	
Fab.-Nr.:	19007
Abnahme:	05.04.63
Lübeck	06.04.63 – 31.05.80
Gelsenkirchen-Bismarck	01.06.80 – 31.12.81
Oberhausen 1	01.01.82 – 28.05.88
z 29.05.88	+ 30.06.88
Verschrottet Maribor	

V 200/221 116	
Fab.-Nr.:	19008
Abnahme:	19.04.63
Lübeck	20.04.63 – 30.09.78
Gelsenkirchen-Bismarck	01.10.78 – 31.12.81
Oberhausen 1	01.01.82 – 28.05.88
z 29.05.88	+ 30.06.88
Museumsbestand DB	

V 200/221 117	
Fab.-Nr.:	19009
Abnahme:	23.04.63
Lübeck	24.04.63 – 30.09.78
Gelsenkirchen-Bismarck	01.10.78 – 31.12.81
Oberhausen 1	01.01.82 – 22.05.87
z 23.05.87	+ 30.07.87
Griechenland OSE 415	

V 200/221 118	
Fab.-Nr.:	19010
Abnahme:	29.04.63
Lübeck	30.04.63 – 30.09.78
Oldenburg	01.10.78 – 21.09.80
Gelsenkirchen-Bismarck	22.09.80 – 31.12.81
Oberhausen 1	01.01.82 – 27.05.87
z 28.05.87	+ 26.09.87
Albanien HSH 2001	

V 200/221 119	
Fab.-Nr.:	19011
Abnahme:	10.05.63
Lübeck	11.05.63 – 30.09.78
Oldenburg	01.10.78 – 28.09.80
Gelsenkirchen-Bismarck	29.09.80 – 31.12.81
Oberhausen 1	01.01.82 – 27.05.87
z 28.05.87	+ 26.08.87
Griechenland OSE 422	

V 200/221 120	
Fab.-Nr.:	19012
Abnahme:	22.05.63
Lübeck	23.05.63 – 30.09.78
Oldenburg	01.10.78 – 21.09.80
Gelsenkirchen-Bismarck	22.09.80 – 31.12.81
Oberhausen 1	01.01.82 – 22.05.87
z 23.05.87	+ 30.07.87
Abgestellt Cittadella, Italien	

V 200/221 121	
Fab.-Nr.:	19241
Abnahme:	07.12.1964
Villingen	08.12.64 – 24.09.77
Oldenburg	25.09.77 – 28.09.80
Gelsenkirchen-Bismarck	29.09.80 – 31.12.81
Oberhausen 1	01.01.82 – 27.05.87
z 28.05.87	+ 26.09.87
Griechenland OSE 427	

V 200/221 122	
Fab.-Nr.:	19242
Abnahme:	10.12.64
Villingen	10.12.64 – 24.09.77
Oldenburg	25.09.77 – 28.09.80
Gelsenkirchen-Bismarck	29.09.80 – 31.12.81
Oberhausen 1	01.01.82 – 31.07.87
z 01.08.87	+ 26.09.87
Griechenland OSE 420	

V 200/221 123	
Fab.-Nr.:	19243
Abnahme:	21.12.64
Villingen	21.12.64 – 24.09.77
Oldenburg	25.09.77 – 28.09.80
Gelsenkirchen-Bismarck	29.09.80 – 31.12.81
Oberhausen 1	01.01.82 – 29.09.87
z 30.09.87	+ 17.12.87
Verschrottet Maribor	

V 200/221 124	
Fab.-Nr.:	19244
Abnahme:	31.12.64
Villingen	31.12.64- 24.09.77
Oldenburg	25.09.77 – 28.09.80
Gelsenkirchen-Bismarck	29.09.80 – 31.12.81
Oberhausen 1	01.01.82 – 24.05.87
z 25.05.87	+ 30.07.87
Griechenland OSE 419	

V 200/221 125	
Fab.-Nr.:	19245
Abnahme:	12.01.65
Villingen	12.01.65 – 24.09.77
Oldenburg	25.09.77 – 28.09.80
Gelsenkirchen-Bismarck	29.09.80 – 31.12.81
Oberhausen 1	01.01.82 – 29.09.87
z 30.09.87	+ 17.12.87
Albanien HSH 2003	

V 200/221 126	
Fab.-Nr.:	19246
Abnahme:	27.01.65
Villingen	27.01.65 – 05.07.72
Kempten	06.07.72 – 12.07.72
Villingen	13.07.72 – 24.09.77
Oldenburg	25.09.77 – 28.09.80
Gelsenkirchen-Bismarck	29.09.80 – 31.12.81
Oberhausen 1	01.01.82 – 29.09.87
z 30.09.87	+ 17.12.87
Griechenland OSE 425	

V 200/221 127	
Fab.-Nr.:	19247
Abnahme:	04.02.65
Villingen	04.02.65 – 24.09.77
Oldenburg	25.09.77 – 28.09.80
Gelsenkirchen-Bismarck	29.09.80 – 31.12.81
Oberhausen 1	01.01.82 – 28.05.88
z 29.05.88	+ 30.06.88
Griechenland OSE 426	

V 200/221 128	
Fab.-Nr.:	19248
Abnahme:	18.02.65
Lübeck	19.02.65 – 24.09.66
Hamburg-Altona	25.09.66 – 27.05.67
Lübeck	28.05.67 – 23.05.80
Gelsenkirchen-Bismarck	24.05.80 – 31.12.81
Oberhausen 1	01.01.82 – 29.09.87
z 30.09.87	+ 17.12.87
Verschrottet Maribor	

V 200/221 129	
Fab.-Nr.:	19249
Abnahme:	19.02.65
Lübeck	20.02.65 – 21.06.65
Hamburg-Altona	22.06.65 – 12.09.67
Lübeck	13.09.67 – 30.09.78
Oldenburg	01.10.78 – 21.09.80
Gelsenkirchen-Bismarck	22.09.80 – 31.12.81
Oberhausen 1	01.01.82 – 29.09.87
z 30.09.87	+ 17.12.87
Griechenland OSE 414	

V 200/221 130	
Fab.-Nr.:	19250
Abnahme:	26.02.65
Lübeck	27.02.65 – 21.06.65
Hamburg-Altona	22.06.65 – 27.05.67
Lübeck	28.05.67 – 30.06.78
Oldenburg	01.07.78 – 31.05.80
Gelsenkirchen-Bismarck	01.06.80 – 31.12.81
Oberhausen 1	01.01.82 – 29.09.87
z 30.09.87	+ 17.12.87
Vermutlich verschrottet Bergamo	

V 200/221 131	
Fab.-Nr.:	19251
Abnahme:	09.03.65
Hamburg-Altona	09.03.65 – 27.05.67
Lübeck	28.05.67 – 30.09.78
Oldenburg	01.10.78 – 28.09.80
Gelsenkirchen-Bismarck	29.09.80 – 31.12.81
Oberhausen 1	01.01.82 – 15.10.87
z 16.10.87	+ 17.12.87
Albanien HSH 2004	

V 200/221 132	
Fab.-Nr.:	19252
Abnahme:	16.03.65
Hamburg-Altona	16.03.65 – 27.05.67
Lübeck	28.05.67 – 31.05.80
Gelsenkirchen-Bismarck	01.06.80 – 31.12.81
Oberhausen 1	01.01.82 – 28.05.88
z 29.05.88	+ 30.06.88
Verschrottet Maribor	

V 200/221 133	
Fab.-Nr.:	19253
Abnahme:	30.03.65
Hamburg-Altona	30.03.65 – 27.05.67
Lübeck	28.05.67 – 31.05.80
Gelsenkirchen-Bismarck	01.06.80 – 31.12.81
Oberhausen 1	01.01.82 – 29.08.87
z 30.08.87	+ 17.12.87
Griechenland OSE 413	

V 200/221 134	
Fab.-Nr.:	19254
Abnahme:	08.04.65
Hamburg-Altona	08.04.65 – 27.05.67
Lübeck	28.05.67 – 31.05.80
Gelsenkirchen-Bismarck	01.06.80 – 31.12.81
Oberhausen 1	01.01.82 – 29.09.87
z 30.09.87	+ 17.12.87
Griechenland OSE 418	

V 200/221 135	
Fab.-Nr.:	19255
Abnahme:	20.04.65
Kempten	21.04.65 – 31.05.75
Lübeck	01.06.75 – 31.05.80
Gelsenkirchen-Bismarck	01.06.80 – 31.12.81
Oberhausen 1	01.01.82 – 28.05.88
z 29.05.88	+ 30.06.88
In Privatbesitz, bleibt erhalten	

V 200/221 136	
Fab.-Nr.:	19256
Abnahme:	06.05.65
Kempten	07.05.65 – 09.05.75
Lübeck	10.05.75 – 24.09.77
Oldenburg	25.09.77 – 28.09.80
Gelsenkirchen-Bismarck	29.09.80 – 31.12.81
Oberhausen 1	01.01.82 – 28.05.88
z 29.05.88	+ 30.06.88
Griechenland OSE 417	

V 200/221 137	
Fab.-Nr.:	19257
Abnahme:	07.05.65
Kempten	08.05.65 – 09.05.75
Villingen	10.05.75 – 21.05.77
Oldenburg	22.05.77 – 21.09.80
Gelsenkirchen-Bismarck	22.09.80 – 31.12.81
Oberhausen 1	01.01.82 – 29.09.87
z 30.09.87	
Wieder im Einsatzbestand 29.10.87	
Oberhausen 1	29.10.87 – 27.05.88
z 28.05.88	+ 30.06.88
Griechenland OSE 430	

V 200/221 138	
Fab.-Nr.:	19258
Abnahme:	14.05.65
Kempten	15.05.65 – 20.05.75
Villingen	21.05.75 – 23.01.77
Oldenburg	24.01.77 – 27.09.80
Gelsenkirchen-Bismarck	28.09.80 – 31.12.81
Oberhausen 1	01.01.82 – 2805.88
z 29.05.88	+ 30.06.88
Griechenland OSE 428	

V 200/221 139	
Fab.-Nr.:	19259
Abnahme:	11.06.65
Kempten	12.06.65 – 05.10.65
Villingen	06.10.65 – 23.01.77
Oldenburg	24.01.77 – 28.09.80
Gelsenkirchen-Bismarck	29.09.80 – 31.12.81
Oberhausen 1	01.01.82 – 29.09.87
z 30.09.87	+ 17.12.87
Verschrottet Maribor	

V 200/221 140	
Fab.-Nr.:	19260
Abnahme:	01.06.65
Kempten	02.06.65 – 05.06.75
Villingen	06.06.75 – 23.01.77
Oldenburg	24.01.77 – 28.09.80
Gelsenkirchen-Bismarck	29.09.80 – 31.12.81
Oberhausen 1	01.01.82 – 28.05.88
z 29.05.88	+ 30.06.88
Albanien HSH 2002	

V 200/221 141	
Fab.-Nr.:	19261
Abnahme:	15.06.65
Kempten	16.06.65 – 30.05.75
Villingen	31.05.75 – 10.12.76
Oldenburg	10.12.76 – 28.09.80
Gelsenkirchen-Bismarck	29.09.80 – 31.12.81
Oberhausen 1	01.01.82 – 10.05.88
z 11.05.88	+ 30.06.88
Verschrottet Maribor	

V 200/221 142	
Fab.-Nr.:	19262
Abnahme:	22.06.65
Kempten	23.06.65 – 14.06.75
Villingen	15.06.75 – 15.11.76
Oldenburg	16.11.76 – 28.09.80
Gelsenkirchen-Bismarck	29.09.80 – 31.12.81
Oberhausen 1	01.01.82 – 26.05.88
z 27.05.88	+ 30.06.88
Verschrottet Maribor	

V 200/221 143	
Fab.-Nr.:	19263
Abnahme:	05.07.65
Kempten	06.07.65 – 11.06.75
Villingen	12.06.75 – 25.09.76
Oldenburg	26.09.76 – 28.09.80
Gelsenkirchen-Bismarck	29.09.80 – 31.12.81
Oberhausen 1	01.01.82 – 26.05.88
z 27.05.88	+ 30.06.88
Verschrottet Maribor	

V 200/221 144	
Fab.-Nr.:	19264
Abnahme:	16.07.65
Villingen	17.07.65 – 25.09.76
Oldenburg	26.09.76 – 21.09.80
Gelsenkirchen-Bismarck	22.09.80 – 31.12.81
Oberhausen 1	01.01.82 – 29.05.88
z 27.05.88	+ 30.06.88
Verschrottet, vermutl. Penzberg	

V 200/221 145	
Fab.-Nr.:	19265
Abnahme:	30.07.65
Villingen	30.07.65 – 25.09.76
Oldenburg	26.09.76 – 27.09.80
Gelsenkirchen-Bismarck	28.09.80 – 31.12.81
Oberhausen 1	01.01.82 – 28.05.88
z 29.05.88	+ 30.06.88
Griechenland OSE 423	

V 200/221 146	
Fab.-Nr.:	19266
Abnahme:	04.08.65
Lübeck	05.08.65 – 31.05.80
Gelsenkirchen-Bismarck	01.06.80 – 31.12.81
Oberhausen 1	01.01.82 – 28.05.88
z 29.05.88	+ 30.06.88
Griechenland OSE 429	

V 200/221 147	
Fab.-Nr.:	19267
Abnahme:	09.09.65
Lübeck	10.09.65 – 31.05.80
Gelsenkirchen-Bismarck	01.06.80 – 31.12.81
Oberhausen 1	01.01.82 – 28.05.88
z 29.05.88	+ 30.06.88
Griechenland OSE 416	

V 200/221 148	
Fab.-Nr.:	19268
Abnahme:	01.09.65
Villingen	01.09.65 – 23.06.74
z 24.06.74	+ 01.10.74
Verschrottet im Mai 1975	

V 200/221 149	
Fab.-Nr.:	19269
Abnahme:	10.09.65
Villingen	10.09.65 – 14.08.76
Oldenburg	15.08.76 – 28.09.80
Gelsenkirchen-Bismarck	29.09.80 – 31.12.81
Oberhausen 1	01.01.82 – 28.05.88
z 29.05.88	+ 30.06.88
Verschrottet Maribor	

V 200/221 150	
Fab.-Nr.:	19270
Abnahme:	28.09.65
Villingen	29.09.65 – 29.05.76
Oldenburg	30.05.76 – 31.07.80
z 01.08.80	+ 21.10.80
Verschrottet AW Bremen	

Anhang

Literaturverzeichnis

Artikel:

Beckmann, Alfons: Die Baureihe 221 auf nordwestdeutschen Strecken;
In: Bahn Regional 1/1992; Münster

Felgner F. W.: Die Diesellokomotive V 200 im Güterzugdienst;
In: Eisenbahntechnische Rundschau 9/58

Friedrich, K. Die leistungsstarken Diesellokomotiven V 200.1 und V 320 der Deutschen Bundesbahn;
In: Eisenbahntechnische Rundschau 5/63

Friedrich K./Seidel, M.: Die Diesellokomotive V 200 der Deutschen Bundesbahn als Serienausführung;
In: Eisenbahntechnische Rundschau 11/57

Gaebler, G.-A.: Zur Entwicklung der Diesellokomotiven der Deutschen Bundesbahn nach dem Kriege unter besonderer Berücksichtigung der Neubaureihe V 80;
In: Eisenbahntechnische Rundschau 8/52

Hopf, K.: Lübeck-221 ade;
In: Lok-Report 4+5/80

Krauss-Maffei (Hrsg.): Krauss-Maffei Informationen Nr. 267 – Die dieselhydraulische Lokomotive V 200[1] der Deutschen Bundesbahn; Sonderdruck aus Glasers Analen 5/63; München, ohne Jahr

Löttgers, R.: Lok-Test – Test-Lok (über die MaK-Versuchslok 2000 001);
In: Eisenbahn Magazin 11/89

VLV (Hrsg.): 221-Finale – (Zugbegleiter zur Abschieds-Sonderfahrt am 24.05.1980)

Zöllner, F.: V80, V200 & Co;
In: Eisenbahn Magazin 3/88

Bücher:

Bretschneider A.: Die Baureihe V 200.0, Freiburg, 1981

Obermayer, H. J.: Die Baureihe V 200 – 40 Jahre deutsche Großdiesellokomotiven, Eisenbahn-Journal-special 5/93; Fürstenfeldbruck, 1993

Repetzki, K. R. Prof. Dr.-Ing (Hrsg.): Diesellokomotiven in Glasers Annalen 1895 – 1936, Moers / Berlin, 1987

Repetzki, K. R. Prof. Dr.-Ing (Hrsg.): Diesellokomotiven in Glasers Annalen 1937 – 1953, Moers / Berlin, 1987

Scharf, H.-W.: Die Schwarzwaldbahn und das Bahnbetriebswerk Villingen; Freiburg, 1980

Wenzel H.: Die Baureihe 01; Solingen, 1972

Wenzel H.: Die Baureihe 03; Freiburg 1977

Wenzel H.: Die Baureihe 01.10; Freiburg 1977, 2. Auflage

Technische Beschreibungen:

GdED (Hrsg.): Störungen an der V200[1], Frankfurt, 1966

Hagenuk (Hrsg.): Technische Information – Vorwärmanlage für wassergekühlte Dieselmotoren von Diesellokomotiven der DB (z.B. V221), Kiel, ohne Jahr

MTU (Hrsg.): Dieselmotor MB 12 V 652 (MB 835) – Beschreibung und Betriebsanleitung Nr. 10013, Friedrichshafen/Bodensee, ohne Jahr

Deutsche Bundesbahn (Hrsg.): Betriebsanweisung für die dieselhydraulische Lokomotive 221, Ausgabe 1977

Kurzmeldungen aus:

Lok-Report:	Diverse Jahrgänge
Eisenbahn-Kurier:	Diverse Jahrgänge
Bahn-Report:	Diverse Jahrgänge
Eisenbahn-Magazin:	Diverse Jahrgänge
Lok-Magazin:	Diverse Jahrgänge
div.	Buchfahrpläne

Wir schreiben über mehr als Dampf !

Spannende Abenteuer mit der Eisenbahn, computergesteuerte Modellbahn-Tests, originelle Werkstatt-Tips, einmalige Fotos, Geschichten von Menschen und Maschinen – bei uns finden Sie alles, was Modell und Vorbild an Faszination bieten.

Überzeugen Sie sich selbst! Wir schicken Ihnen gern ein kostenloses Probeheft zum Schnuppern.

Also gleich anfordern – per Postkarte, per Fax oder telefonisch.

MODELLEISENBAHNER
MEB-Verlag GmbH
Biberacher Str. 94, D-88339 Bad Waldsee
Telefon (0 75 24) 97 05-0
Fax (0 75 24) 97 05-45